Доктор Джерок Лі

Бог
-Лікар

URIM BOOKS

І сказав Він: «Коли дійсно будеш ти слухати голосу Господа, Бога твого, і будеш робити слушне в очах Його, і будеш слухатися заповідей Його, і будеш виконувати всі постанови Його, то всю хворобу, що Я поклав був на Єгипет, не покладу на тебе, бо Я – Господь, Лікар твій!»

(Книга Вихід 15:26)

БОГ – ЛІКАР, автор доктор Джерок Лі
Опубліковано видавництвом Урім Букс (Представник: Kyungtae Noh)
73, Шіндебанзі 22, Донгйак Гу, Сеул, Корея
www.urimbooks.com

Якщо не написано інше, всі цитати із Біблії взяті з Біблії перекладу
І.Огієнка.

Раніше видано корейською мовою видавництвом «Урім букс» у
2002 році у м. Сеул, Корея

Перше видання: Жовтень 2015

Редактор: Доктор Геумсун Він
Підготовано до друку редакційним бюро Урім Букс
Надруковано компанією «Євон Прінтін»
Для більш докладної інформації звертайтеся: urimbook@hotmail.com

Передмова

Оскільки матеріальна культура і процвітання у світі продовжують зростати і вдосконалюватися, сьогодні ми бачимо, що люди мають більше можливостей і зайвого часу. До того ж, щоби мати краще здоров'я і жити комфортніше, люди віддають свій час і багатство, багато уваги приділяючи різноманітній корисній інформації.

Однак життя людини, старіння, хвороби і смерть знаходяться під суверенною владою Бога. Все це неможливо контролювати за допомогою грошей або знань. Крім того, безперечним фактом є те, що незважаючи на дуже розвинену медичну науку та знання людей, які нагромаджувалися протягом тисячоліть, кількість пацієнтів, які страждають від невиліковних та смертельних хвороб, поступово зростає.

У світовій історії було безліч людей, які мали різні вірування і знання, включаючи Будду і Конфуція, але всі вони замовкали, коли стикалися з цим питанням. І жоден з них не зміг уникнути старіння, хвороб і смерті. Це питання пов'язано з гріхом, з проблемою спасіння людства, жодну з яких людина вирішити не може.

У наш час існує багато клінік і аптек, доступних кожній людині, які, очевидно, готові позбавити наше суспільство хвороб, зробити його здоровим. Однак наші тіла, весь світ, в якому ми живемо, сповнений хворобами: від звичайної застуди до хвороб невідомого походження, штамами, проти яких не існує ліків. Люди звинувачують клімат і навколишнє середовище, або сприймають це як природне фізіологічне явище, і покладаються на лікування або лікарські технології.

Для того, щоби отримати основне лікування, і бути здоровими, кожен з нас повинен розуміти, звідки береться хвороба і як ми можемо зцілитися. У Євангелія, істини, є дві сторони: прокляття і покарання – для людей, які не приймають їх, і благословення і життя – для тих, хто їх приймає. За волею Бога істина ховається від тих, хто, подібно до фарисеїв і вчителів закону, вважають себе мудрими і обізнаними. Також воля Божа у тому, щоби істина відкрилася тим, хто, як діти, бажають дізнатися її, тим, хто відкриває своє серце (Євангеліє від Луки 10:21).

Бог відверто пообіцяв благословення тим, хто слухається Господа. А також Він детально описав прокляття, різноманітні хвороби, котрі накладатимуться на тих, хто не кориться Його наказам (Книга Повторення Закону 28:1-68).

Звіщаючи Боже Слово невіруючим, та навіть деяким віруючим, які не звертають на нього уваги, ми наставляємо людей на шлях праведності, де вони зможуть отримати свободу від будь-яких хвороб.

Більше слухайте, читайте, пізнавайте і живіться Божим Словом. В ім'я Господа нашого Ісуса Христа я молюсь про те, щоби силою Божого спасіння кожен з вас отримав зцілення від значних і незначних хвороб, щоби ви і ваші рідні завжди були здорові!

Джерок Лі

Зміст

Розділ 1

Походження хвороби
і промінь зцілення

Книга пророка Малахії 4:2

А для вас, хто Ймення Мойого боїться, зійде Сонце Правди та лікування в промінях Його, — і ви вийдете та поскакаєте, мов ті ситі телята!

У чому криється причина хвороби?

Люди, які хочуть бути щасливими і здоровими на цій землі, споживають всіляку їжу, яка корисна для здоров'я, а також звертають свою увагу та шукають якихось секретних способів. Незважаючи на прогрес матеріальної цивілізації і медичної науки, дійсність така, що неможливо запобігти стражданню від невиліковних і смертельних хвороб.

Невже людина не може звільнитися від фізичних страждань хвороби на цій землі?

Більшість людей звинувачують клімат і навколишнє середовище, або сприймають хворобу як природне фізіологічне явище, і покладаються на лікування і лікарські технології. Як тільки першопричини всіх хвороб будуть встановлені, люди їх позбавляться.

У Біблії подаються основні способи, завдяки яким людина може жити без хвороб, а хвора – отримати зцілення:

І сказав Він: «Коли дійсно будеш ти слухати голосу Господа, Бога твого, і будеш робити слушне в очах Його, і будеш слухатися заповідей Його, і будеш виконувати всі постанови Його, то всю хворобу, що Я поклав був на Єгипет, не покладу на тебе, бо Я – Господь, Лікар твій!» (Книга Вихід 15:26)

Це – істинне Слово Бога, який управляє життям, смертю,

прокляттям і благословенням, яке дається особисто кожному.

Тоді що таке хвороба, і чому людина стає хворою? З медичної точки зору під «хворобою» розуміють будь-яке безсилля у різних частинах тіла людини, незвичайний або ненормальний стан здоров'я, який розвивається і здебільшого поширюється бактеріями. Інакше кажучи, хвороба – це ненормальний стан тіла людини, причиною якого стала отрута чи бактерія.

У Книзі Вихід 9:8-9 описується кара на єгиптян – гнояки:

І сказав Господь до Мойсея й до Аарона: «Візьміть собі повні ваші жмені сажі з печі, і нехай Мойсей кине її до неба на очах фараонових. І стане вона курявою над усією єгипетською землею, а на людині й скотині стане гнояками, що кинуться прищами в усьому єгипетському краї».

У Книзі Вихід 11:4-7 ми читаємо про те, що Бог відрізняє народ Ізраїлю від народу єгипетського. Тому що на народ Ізраїльський, який поклонявся Богу, не накладалася кара, тоді як на єгиптян, які не поклонялися Богу та не жили за Його волею, накладалася кара смерті первородних.

Із Біблії ми дізнаємося про те, що Бог має владу навіть над хворобою, що Він захищає тих, хто благоговіє перед Ним, і що хвороба увійде в тих, хто грішить, бо Він відверне Своє лице від таких осіб.

Тоді чому існує хвороба? Чому існує страждання, яке пов'язане із хворобою? Чи означає це, що Бог-Творець створив хворобу тоді, коли створював світ, щоби людина жила у небезпеці перед нею? Бог-Творець створив людину і управляє всім у всесвіті від Своєї великодушності, праведності і любові.

У Книзі Буття 1:26-28 написано:

І сказав Бог: Створімо людину за образом Нашим, за подобою Нашою, і хай панують над морською рибою, і над птаством небесним, і над худобою, і над усею землею, і над усім плазуючим, що плазує по землі. І Бог на Свій образ людину створив, на образ Божий її Він створив, як чоловіка та жінку створив їх. І поблагословив їх Бог, і сказав Бог до них: Плодіться й розмножуйтеся, і наповнюйте землю, оволодійте нею, і пануйте над морськими рибами, і над птаством небесним, і над кожним плазуючим живим на землі!

Після створення найбільш сприятливого навколишнього середовища для життя людини (Книга Буття 1:3-25), Бог створив людину за Своїм власним образом, благословив її і дозволив мати абсолютну свободу і владу.

З часом люди могли вільно насолоджуватися Богом даними благословеннями, бо вони корилися Божим наказам і жили в еденському раю, де не було сліз, горя, страждання і хвороб. Коли Бог побачив, що те, що Він вчинив, було вельми добре (Книга Буття 1:31), Він дав один наказ: *«І наказав Господь Бог Адамові, кажучи: Із кожного дерева в Раю ти можеш їсти. Але з дерева знання добра й зла не їж від нього, бо в день їди твоєї від нього ти напевно помреш!»* (Книга Буття 2:16-17)

Проте коли хитрий змій побачив, що люди не дотрималися наказу Божого у своєму серці, але знехтували їм, змій спокусив Єву, дружину першого чоловіка, створеного Богом. Коли Адам і Єва їли плід з дерева знання добра і зла і вчинили гріх (Книга Буття 3:1-6), смерть увійшла у людину. Саме про це застерігав Бог (Послання до римлян 6:23).

Після вчинення гріха непокори, та коли люди отримали заплату за гріх і побачили смерть, дух людини – її господар – також помер, і спілкування людини з Богом припинилося. Люди були вигнані з еденського раю і стали жити у сльозах, горі, стражданні і смерті. Оскільки все на землі було прокляте, земля почала родити тернину й осот, і тільки у поті лиця люди їли свій хліб (Книга Буття 3:16-19).

Тому причина хвороби криється у первородному гріху, який був спричинений непокорою Адама. Якби Адам послухався Бога, його би не вигнав Бог з еденського раю, і він вічно би мав здорове життя. Інакше кажучи, через одну людину всі люди стали грішними, почали жити у небезпеці, стражданні і хворобах. Спочатку треба вирішити проблему гріха, бо жодна людина не виправдається перед Богом ділами Закону (Послання до римлян 3:20).

Сонце Правди та лікування в промінях Його

У Книзі пророка Малахії 4:2 написано: *«А для вас, хто Ймення Мойого боїться, зійде Сонце Правди та лікування в промінях Його, – і ви вийдете та поскакаєте, мов ті ситі телята».* Тут під словами «Сонце Правди» слід розуміти Месію.

Бог змилосердився над людством, що стоїть на шляху загибелі і страждає від хвороб. Він визволив нас від усіх гріхів через Ісуса Христа. Бог дозволив, щоби Ісуса було розіп'ято на хресті, щоби пролилася Його кров. Тому всі, хто прийняв Ісуса Христа, отримав прощення за свої гріхи і дістав спасіння, а тепер може бути вільним від хвороб і бути здоровим. Через прокляття, яке було на всьому, люди мали жити у небезпеці хвороби поки живуть на цій землі, але через любов і милість Бога нам тепер відкритий шлях до життя вільного від хвороб.

Коли Божі діти протистоять гріху, змагаючись до крови (Послання до євреїв 12:4), і живуть за Його Словом, Він захистить їх Своїми очима, які ніби яскравий вогонь, і захистить їх вогненною стіною Святого Духа, так що ніяка отрута у повітрі ніколи не проникне всередину їхнього тіла.

Навіть якщо хтось захворіє, коли він покається і відвернеться від гріха, Бог обпалить хворобу і вилікує уражені хворобою органи. Це і є лікування «Сонцем Правди».

Сучасна медицина розробила терапію ультрафіолетовими променями, котра широко використовується сьогодні для попередження та лікування багатьох хвороб. Ультрафіолетові промені дуже ефективні для дезінфекції і спричинюють хімічні зміни в організмі людини. Таке лікування може на 99% знищити кишкову паличку, дифтерію, дизентерійну паличку, а також ефективне у боротьбі з туберкульозом, рахітом, анемією, ревматизмом і захворюваннями шкіри. Однак терапію ультрафіолетовим промінням неможливо застосовувати у боротьбі з усіма хворобами.

Тільки «Сонце Правди та лікування в променях Його», про яке говориться в Біблії, – це той сильний промінь, який здатен вилікувати всі хвороби. Промені Сонця Правди можна застосовувати для лікування всіх видів хвороб для будь-кого. Спосіб, яким Бог лікує людей, – комплексний і, по суті, найкращий.

Через деякий час після заснування моєї церкви до мене принесли на носилках хворого на грані смерті, який страждав від нестерпного болю, мав рак і до того ж був паралізований. Він не міг говорити, бо не міг ворушити язиком. Він не міг рухатися, бо був паралізований. Оскільки лікарі вже відмовилися лікувати чоловіка, його дружина, яка вірила в силу Бога, переконала свого чоловіка повністю віддати себе у руки Бога. Згодом чоловік зрозумів, що єдиним способом для підтримання його життя було звернутися до Бога і пригорнутися до Нього. Тож хворий намагався поклонятися Богові навіть лежачи, а його дружина також щиро просила з вірою і любов'ю. Я бачив віру цього подружжя і також палко молився за чоловіка. Незабаром чоловік, котрий раніше переслідував свою дружину за її віру в Ісуса, щиро покаявся, і Бог послав на нього цілющий промінь, обпалив тіло чоловіка вогнем Святого Духа і очистив його. Алілуя! Оскільки причина хвороби була випалена, чоловік скоро почав ходити, бігати, і скоро одужав. Зайвим буде казати, як члени церкви Манмін прославили Бога і раділи, побачивши цю дивовижну роботу Божого лікування.

Той, хто вшанує Моє ім'я

Наш Бог – всемогутній Бог, Котрий створив все у всесвіті Своїм Словом, створив людину з пороху земного. Оскільки цей Бог став нашим Отцем, навіть коли ми захворіємо, якщо ми повністю з вірою будемо покладатися на Нього, Він побачить і визнає нашу віру і охоче вилікує нас. Нічого немає поганого у тому, щоби лікуватися у лікарні, але Бог дуже любить Своїх дітей, котрі вірять у Його всезнання і всемогутність, щиро звертаються до Нього, отримують зцілення і прославляють Його.

У 2 Книзі Царів 20:1-11 описана історія Єзекії, царя Юдейського, який захворів, коли асирійці вторглися на територію його царства, але повністю одужав через три дні після своєї молитви Богу. І його життя продовжилося ще на п'ятнадцять років.

Через пророка Ісаю Бог звернувся до Єзекії: *«Заряди своїм домом, бо ти вмреш, а не видужаєш»* (2 Книга Царів 20:1; Книга пророка Ісаї 38:1). Інакше кажучи, Єзекія отримав смертний вирок, де йому було сказано приготуватися до смерті і впорядкувати справи своєї країни і родини. Проте Єзекія відразу відвернув своє обличчя до стіни і помолився до Господа (2 Книга Царів 20:2). Цар зрозумів, що хвороба була результатом його стосунків з Богом. Він відклав всі справи і щиро молився.

Коли Єзекія палко зі сльозами молився Богу, тоді Він пообіцяв цареві: *«Почув Я молитву твою, побачив Я сльозу твою! Ось Я додаю до днів твоїх п'ятнадцять літ, і з руки асирійського царя врятую тебе та це місто, й обороню це місто»* (Книга пророка Ісаї 38:5-6). Ми також можемо припустити, наскільки щиро та палко молився Єзекія, коли Бог сказав йому: «Почув Я молитву твою, побачив Я сльозу твою!»

Бог, Котрий повністю задовольнив прохання Єзекії, зцілив царя, так що він через три дні зміг увійти у храм Божий. Крім того, Бог додав до днів життя Єзекії ще п'ятнадцять років і у цей період Бог обороняв місто

Єрусалим від нападу асирійців.

Оскільки Єзекія знав, що Бог має верховну владу над життям і смертю людини, молитва Богові була для нього найважливішою. Бог дуже любив покірливе серце та віру Єзекії. Він пообіцяв зцілити царя, і коли Єзекія розшукував знак свого зцілення, Бог навіть зробив так, щоби тінь повернула назад на десять ступенів Ахазових (2 Книга Царів 20:11). Наш Бог – це Бог лікування, чуйний Отець, Який дає всім, хто шукає.

У 2 Книзі Хронік 16:12-13 читаємо іншу історію: «*І занедужав Аса тридцятого й дев'ятого року свого царювання на свої ноги, і хвороба його була тяжка. Та й у хворобі своїй не звертався він до Господа, але до лікарів. І спочив Аса з своїми батьками, і помер сорокового й першого року свого царювання*». Коли він спочатку став царем, він «*...робив добре в Господніх очах, як батько його Давид*» (1 Книга Царів 15:11). Спочатку він був мудрим правителем, але поступово загубив свою віру в Бога і почав більше покладатися на людей, тож він більше не міг отримувати Божої допомоги.

Коли Баша, цар Ізраїлів, пішов проти Юди, Аса поклався на Бен-Гадада, царя сирійського, але не на Бога. За це Аса отримав дорікання прозорливця Ханані, але він не відвернувся від своїх шляхів, але навпаки ув'язнив його і тиснув на власний народ (2 Книга Хронік 16:7-10).

Перед тим, як Аса почав покладатися на сирійського

царя, Бог перешкодив армії сирійського царя, щоби той не зміг вторгнутись у Юду. Відколи Аса почав покладатися на царя сирійського замість Бога, цар Юди більше не міг отримувати ніякої допомоги від Нього. Крім того, Бог не був задоволений Асою, котрий шукав допомоги лікарів але не Бога. Тому Аса помер лише через два роки після того, як був покараний хворобою на ноги. Навіть коли Аса сповідував свою віру в Бога, через те що він не довів її жодними справами, він не зміг ні про що Його просити. Отже всемогутній Бог не зміг нічого зробити для царя.

Цілющий промінь від Бога може вилікувати багато видів хвороб: паралічна людина може встати і піти самостійно, сліпі починають бачити, глухі – чути, а мертві воскресають. Отже через те, що Бог-Лікар має безграничну владу, Для Бога не має значення тяжкість захворювання: від звичайної застуди до смертельного раку. Найважливіше те, з яким серцем ми приходимо до Бога: чи схоже воно на серце Аси або Єзекії.

В ім'я Господа нашого Ісуса Христа Я молюся про те, щоби ви прийняли Ісуса Христа, зрозуміли проблему гріха, були праведними і вірними, радували Бога смиренним серцем і вірою, супроводжуючи їх справами, такими, які чинив Єзекія, отримували зцілення будь-якої та навіть всіх хвороб, і завжди були здорові!

Розділ 2

Хочете бути здоровими?

Євангеліє від Івана 5:5-6

А був там один чоловік, що тридцять і вісім років був недужим. Як Ісус його вгледів, що лежить, та, відаючи, що багато він часу слабує, говорить до нього: Хочеш бути здоровим?

Чи хочете ви одужати?

Існує дуже багато прикладів, коли люди не знали Бога, шукали і приходили до Нього. Деякі приходять керуючись власною доброю совістю, тоді як інші приходять до Нього в результаті євангелізації. Деякі шукають Бога, розчарувавшись у житті через невдачі у справах чи родинні незгоди. А інші приходять до Нього через необхідність, після страждання від нестерпного фізичного болю чи страху смерті.

Так сталося з інвалідом, котрий на протязі тридцяти восьми років страждав від болю, лежачи біля купальні Віфесда. Щоби повністю довірити свою хворобу Богу і отримати зцілення, людина має сильно бажати вилікуватись.

В Єрусалимі біля брами Овечої була купальня, що по-єврейськи називалася «Віфесда». Її оточували п'ять ґанків, де збиралися сліпі, кульгаві і паралізовані. Вони лежали там, бо за легендою час від часу Ангел Господній спускавсь до купальні і порушував воду. І хто перший улазив, як воду порушено, у купальню, чия назва означала «Дім милосердя», той здоровим ставав, хоч би яку мав хворобу.

Побачивши інваліда, котрий на протязі тридцяти восьми років лежав біля купальні, і знаючи про те, як довго він страждав, Ісус спитав чоловіка: *«Хочеш бути здоровим»*? Чоловік відповів: *«Пане, я не маю людини, щоб вона, як порушено воду, до купальні всадила мене. А коли я приходжу, то передо мною вже інший улазить»* (Євангеліє від Івана 5:7). Так чоловік розповів Господу про те, що він щиро хотів вилікуватися, але не міг це зробити самостійно. Наш Господь, бачачи серце того нещасного, сказав: *«Уставай, візьми ложе своє – та й ходи!»* І відразу чоловік одужав: він взяв свій килимок і пішов (Євангеліє від Івана 5:8).

Ви повинні прийняти Ісуса Христа

Коли чоловік, який на протязі тридцяти восьми років був інвалідом, зустрів Ісуса Христа, то відразу отримав зцілення. Коли він повірив і Ісуса Христа – джерело істинного життя – він отримав прощення за всі свої гріхи і вилікувався від своєї хвороби.

Чи страждає хто-небудь із вас через хворобу? Якщо ви хворієте, бажаєте постати перед Богом і отримати зцілення, ви повинні спочатку прийняти Ісуса Христа, стати дитиною Божою і отримати прощення для того, щоби усунути будь-яку перешкоду, яка існує між вами і Богом. Ви повинні повірити в те, що Бог всезнаючий і всемогутній, що Він може вчинити будь-яке диво. Ви також маєте повірити у те, що ми звільнилися від усіх своїх хвороб через покарання, яке отримав за нас Ісус Христос. Якщо ви шукатимете зцілення в ім'я Ісуса Христа, то одужаєте.

Коли ми, маючи саме таку віру, просимо Бога, Він почує нашу молитву віри і зцілить. Незалежно від давності та ступеню вашої хвороби, неодмінно довірте всі свої проблеми, пов'язані зі станом вашого здоров'я, Богу, при цьому пам'ятаючи, що ви зцілитеся, коли Бог своєю силою вилікує вас.

Коли розслаблений, про якого йдеться в Євангелії від Марка 2:3-12, спочатку почув, що Ісус прийшов у Капернаум, чоловік одразу захотів побачити Його. Після того, як чоловік почув про те, що Ісус уздоровлює людей від будь-яких хвороб, виганяє злих духів, зцілює прокажених, він подумав, що якщо він повірить в Ісуса, він також зможе уздоровитися. Коли розслаблений зрозумів, що він не може підійти близько до Ісуса, через великий натовп, тоді його друзі допомогли йому. Вони розібрали стелю того будинку, де знаходився Ісус, і звісили ложе перед Ним.

Чи можете ви уявити, як сильно розслаблений бажав побачити Ісуса, що він зі своїми друзями зважилися на такий вчинок? Якою була реакція Ісуса, коли розслаблений, що не міг пересуватися, та не міг протиснутися крізь натовп, за допомогою своїх друзів проявив свою віру і відданість? Ісус не сварив розслабленого за його невихованість, але навпаки сказав йому: *«Відпускають, сину, гріхи тобі!»* і відразу дозволив йому встати і ходити.

У Книзі Приповістей 8:17 Бог говорить нам: *«Я кохаю всіх тих, хто кохає мене, хто ж шукає мене – мене знайде!»* Якщо ви бажаєте звільнитися від болю хвороби, спочатку ви повинні щиро побажати зцілитися, прийняти

Ісуса Христа, повірити у силу Бога, Котрий може вирішити проблему гріха.

Ви повинні зруйнувати стіну гріха

Не має значення, як сильно ви вірите, ви можете одужати силою Бога. Однак Він не може працювати в вас, якщо між вами і Богом існує стіна гріха.

Тому у Книзі пророка Ісаї 1:15-17 Бог говорить нам:

«Коли ж руки свої простягаєте, Я мружу від вас Свої очі! Навіть коли ви молитву примножуєте, Я не слухаю вас, ваші руки наповнені кров'ю… Умийтесь, очистьте себе! Відкиньте зло ваших учинків із-перед очей Моїх, перестаньте чинити лихе! Навчіться чинити добро, правосуддя жадайте, карайте грабіжника, дайте суд сироті, за вдову заступайтесь!» а потім у вірші 18 Він обіцяє: *«Прийдіть, і будемо правуватися, говорить Господь: коли ваші гріхи будуть як кармазин, стануть білі, мов сніг; якщо будуть червоні, немов багряниця, то стануть мов вовна вони!»*

Ми також знаходимо подібні слова у Книзі пророка Ісаї 59:1-3:

Ото ж бо, Господня рука не скоротшала, щоб

не помагати, і Його вухо не стало тяжким, щоб не чути, бо то тільки переступи ваші відділювали вас від вашого Бога, і ваші провини ховали обличчя Його від вас, щоб Він не почув, бо ваші долоні заплямлені кров'ю, ваші ж пальці беззаконням, уста ваші говорять неправду, язик ваш белькоче лихе!

Люди, що не знають Бога і не прийняли Ісуса Христа, які жили як їм бажалося, не розуміють своєї гріховності. Коли люди приймають Ісуса Христа як власного Спасителя і отримують в дар Святого Духа, Святий Дух виявить про гріх, і про правду, і про суд, і тоді вони усвідомлять і визнають, що вони – грішники (Євангеліє від Івана 16:8-11).

Однак через те, що існують такі випадки, коли люди не мають чіткого розуміння, що таке гріх, а отже не можуть позбутися гріха в собі і отримувати відповіді від Бога, вони повинні спочатку дізнатися, що являє собою гріх з точки зору Бога. Тому що всі недуги і хвороби походять від гріха. І тільки коли ви озирнетесь і зруйнуєте в собі стіну гріха, ви відчуєте швидку дію зцілення.

Давайте довідаємося, що в Біблії називається гріхом, і як ми маємо зруйнувати стіну гріха.

1. Ви повинні покаятися у тому, що не вірили в Бога і не приймали Ісуса Христа.

В Біблії сказано, що наша невіра в Бога і неприйняття Ісуса Христа своїм Спасителем – це гріх (Євангеліє від Івана 16:9). Багато невіруючих говорять, що мають безгрішне життя, але вони можуть неправильно оцінювати себе, бо не знають Слова істини – світла Божого – і не можуть відрізнити правильне від неправильного.

Навіть якщо людина впевнена у тому, що живе без гріха, якщо її життя поставити поряд з істиною, якою є Слово всемогутнього Бога, Котрий створив все у всесвіті і управляє життям, смертю, прокляттям і благословенням, то знайдеться більше гріховності і неправди. Тому в Біблії сказано: *«Нема праведного ані одного»* (Послання до римлян 3:10), а також: *«Бо жодне тіло ділами Закону не виправдається перед Ним, – Законом бо гріх пізнається»* (Послання до римлян 3:20).

Коли ви приймете Ісуса Христа і станете дитям Божим після того, як покаєтеся у тому, що не вірили в Бога і не приймали Ісуса Христа, всемогутній Бога стане вашим Батьком і таким чином ви отримаєте відповіді стосовно всіх своїх хвороб.

2. Ви повинні покаятись у тому, що не любили своїх братів.

У Біблії сказано: *«Улюблені, – коли Бог полюбив нас отак, то повинні любити і ми один одного!»* (1 Послання Івана 4:11) Нам також нагадується, що ми повинні любити навіть своїх ворогів (Євангеліє від Матвія 5:44). Якщо ми ненавиділи своїх братів, ми не корилися Слову Божому, а отже грішили.

Тому Ісус явив Свою любов людям, які жили у гріху, прийнявши смерть на хресті. Отже ми повинні любити своїх батьків, дітей, братів і сестер. З точки зору Бога неправильно ненавидіти і не прощати через незначні проте злі почуття і непорозуміння.

В Євангелії від Матвія 18:23-35 Ісус розповідає нам таку притчу:

Тим то Царство Небесне подібне одному цареві, що захотів обрахунок зробити з своїми рабами. Коли ж він почав обраховувати, то йому привели одного, що винен був десять тисяч талантів. А що він не мав із чого віддати, наказав пан продати його, і його дружину та діти, і все, що він мав, і заплатити. Тоді раб той упав до ніг, і вклонявся йому та благав: Потерпи мені, я віддам тобі все! І змилосердився пан над рабом тим, і звільнив його, і простив йому борг. А як вийшов той раб, то спіткав він одного з своїх співтоваришів, що був винен йому сто динаріїв. І, схопивши його, він душив та казав: Віддай, що ти винен! А товариш його впав у ноги йому, і благав його, кажучи: Потерпи мені, і я віддам тобі! Та той не схотів, а пішов і всадив до в'язниці його, аж поки він боргу не верне. Як побачили ж товариші його те, що сталося, то засмутилися дуже, і прийшли й розповіли своєму панові все, що було. Тоді пан його кличе його, та й говорить до нього: Рабе лукавий, я простив був тобі ввесь той борг, бо просив ти мене. Чи й тобі не належало змилуватись над своїм співтоваришем, як і я над тобою був змилувався? І прогнівався пан його, і катам його видав, аж поки йому не віддасть всього боргу. Так само й Отець Мій Небесний учинить із вами, коли кожен із вас не простить своєму братові з серця свого їхніх прогріхів.

Навіть коли ми отримали прощення і милість нашого Бога-Отця, ми не можемо або не хочемо сприймати вади та помилки наших братів, але натомість схильні проявляти конкуренцію, ображати та сердити один одного?

Бог говорить нам: «*Кожен, хто ненавидить брата свого, той душогуб. А ви знаєте, що жоден душогуб не* має вічного життя, що в нім перебувало б» (Євангеліє від Матвія 18:35), а також попереджає нас: *«Не нарікайте один на одного, браття, щоб вас не засуджено, – он Суддя стоїть перед дверима!»* (Послання Якова 5:9).

Ми повинні розуміти, якщо ми не любили, але ненавиділи наших братів, тоді ми також зогрішили і ми не будемо сповнені Святим Духом, але засмутимося. Тому навіть коли наші браття ненавидять чи розчаровують нас, ми не повинні ненавидіти або розчаровувати їх зі свого боку, але навпаки охороняти свої серця істиною, розуміти і прощати їх. Наші серця повинні молитися молитвою любові за таких братів і сестер. Якщо ми розуміємо, прощаємо і любимо один одного з допомогою Святого Духа, Бог також являтиме нам Своє співчуття і милість, і ясно показуватиме дію зцілення.

3. Ви повинні покаятися, якщо молилися з пожадливістю.

Коли Ісус уздоровив хлопця, одержимого злим духом, Його учні спитали Його: *«Чому ми не могли його вигнати?»* (Євангеліє від Марка 9:28), Ісус відповів: *«Цей рід не виходить інакше, як тільки від молитви та посту»* (Євангеліє від Марка 9:29).

Для того, щоби отримати зцілення у якійсь мірі, також необхідно попросити і помолитися. Однак на молитви для задоволення власної корисливості відповіді не буде, тому що Богу вони не подобаються. Бог наказав нам: *«Тож коли ви їсте, чи коли ви п'єте, або коли інше що робите, – усе на Божу славу робіть!»* (1 Послання до коринтян 10:31) Тому ціллю наших уроків, досягнення слави або сили повинно бути досягнення слави Божої. У Посланні Якова 4:2-3 написано:

> *«Бажаєте ви та й не маєте, убиваєте й заздрите та досягнути не можете, сваритеся та воюєте та не маєте, бо не прохаєте, прохаєте та не одержуєте, бо прохаєте на зле, щоб ужити на розкоші свої. Перелюбники та перелюбниці, чи ж ви не знаєте, що дружба зо світом то ворожнеча супроти Бога? Бо хто хоче бути світові приятелем, той ворогом Божим стається».*

Просити уздоровлення, щоби мати здорове життя – для слави Бога; ви отримаєте відповідь, коли попросите. Однак якщо ви не одужаєте, навіть коли попросите, це тому що, можливо, ви шукаєте чогось, що не відповідає істині, хоча Бог бажає дати вам набагато більше і не один раз.

Яка молитва подобається Богу? В Євангелії від Матвія 6:33 Ісус говорить нам: *«Шукайте ж найперш Царства Божого й правди Його, – а все це вам додасться».* Замість того, щоби непокоїтися про їжу, одяг і подібне, ми повинні спочатку догодити Богові молитвами за Його Царство і правду, за євангелізацію і освячення. Тільки тоді Бог задовольнить ваше бажання і дасть повне зцілення від вашої хвороби.

4. Ви повинні покаятися, якщо молилися із сумнівом.

Богу подобається молитва, яка показує віру людини. Про це ми можемо прочитати у Посланні до євреїв 11:6: *«Догодити ж без віри не можна. І той, хто до Бога приходить, мусить вірувати, що Він є, а тим, хто шукає Його, Він дає нагороду».* Так само, Яків у своєму посланні 1:6-7 нагадує нам:

> *«Але нехай просить із вірою, без жодного сумніву. Бо хто має сумнів, той подібний до морської хвилі, яку жене й кидає вітер. Нехай бо така людина не гадає, що дістане що від Господа».*

Молитви, піднесені з сумнівом, вказують на невіру людини у всемогутнього Бога, вони ганьблять силу Бога і перетворюють Його на некомпетентного Бога. Ви повинні відразу покаятися, стати схожими на праотців віри, старанно і палко молитися, щоби мати щиру віру.

Багато разів у Біблії ми читаємо про те, що Ісус любив тих, хто мав велику віру, обирав їх Своїми робітниками і виконував Своє служіння через них та з їх допомогою. Коли люди не могли проявити свою віру, Ісус докоряв навіть Своїм учням за їхню малу віру (Євангеліє від Матвія 8:23-27), але хвалив і любив тих, хто мав велику віру, навіть якщо то були погани (Євангеліє від Матвія 8:10).

Як молитеся ви? Якою є ваша віра?

Сотник, про якого розповідається в Євангелії від Матвія 8:5-13, наблизився до Ісуса і благав, щоби Той уздоровив його слугу, який лежав удома розслаблений і тяжко страждав. Коли Ісус сказав сотнику: *«Я прийду й уздоровлю його»*, сотник відповів: *«Недостойний я, Господи, щоб зайшов Ти під стріху мою… Та промов тільки слово, – і видужає мій слуга!»*, явивши Ісусові свою велику віру. Почувши слова сотника, Ісус був задоволений і похвалив його: *«…Навіть серед Ізраїля Я не знайшов був такої великої віри!»* Тієї ж години слуга сотника одужав.

В Євангелії від Марка 5:21-43 записана історія про дивовижний приклад зцілення. Коли Ісус був над морем, один із керівників синагоги, Яір, прийшов до Ісуса і впав Йому у ноги. Яір благав Ісуса: *«Моя маленька дочка при смерті. Будь ласка, піди і поклади Свої руки на неї, щоби вона одужала і жила»*.

Коли Ісус йшов разом з Яіром, до Нього підійшла жінка, яка дванадцять років хворою на кровотечу була. Вона чимало натерпілася від багатьох лікарів і витратила все добро своє, та ніякої помочі з того не мала, а прийшла ще до гіршого.

Жінка почула, що Ісус був поблизу, і у натовпі, що рухався за Ісусом, вона підійшла до Нього і доторкнулася до Його одежі. Жінка вірила: *«Коли хоч доторкнусь до одежі Його, то одужаю»*. Коли хвора торкнулася одягу Ісуса, у ту ж мить висохло джерело її кровотечі, і тілом відчула вона, що видужала від недуги! І в ту мить Ісус відчув у Собі, що вийшла з Нього сила. І Він до народу звернувся й спитав: «Хто доторкнувсь до Моєї одежі?» Коли жінка розповіла Йому правду, Ісус сказав їй: *«Твоя віра, о дочко, спасла тебе; іди з миром, і здоровою будь від своєї недуги!»* Ісус дав жінці спасіння, а також благословення бути здоровою.

У той час люди з дому Яіра прийшли і доповіли: *«Дочка твоя вмерла»*. Ісус заспокоїв Яіра, промовивши: *«Не лякайсь, – тільки віруй!»* і продовжив Свій шлях до дому Яіра. Там Ісус сказав людям: *«Не вмерло дівча, але спить!»*, а дівчинці сказав: *«Таліта, кумі»* що значить: *«Дівчатко, кажу тобі – встань!»* У ту мить дівчинка підвелася і пішла.

Повірте, що коли ви попросите з вірою, навіть серйозна хвороба може бути вилікувана, а мертва людина воскреснути. Якщо ви досі молилися із сумнівом, отримайте зцілення і будьте твердими у покаянні за цей гріх.

5. Ви повинні покаятися у тому, що не корилися Божим заповідям.

В Євангелії від Івана 14:21 Ісус говорить нам: *«Хто заповіді Мої має та їх зберігає, той любить мене. А хто любить Мене, то полюбить його Мій Отець, і Я полюблю його, і об'явлюсь йому Сам».* У 1 Посланні Івана 3:21-22 нам також нагадується: *«Улюблені, коли не винуватить нас серце, то маємо відвагу до Бога, і чого тільки попросимо, одержимо від Нього, бо виконуємо Його заповіді та чинимо любе для Нього».* Грішник не може бути впевненим перед Богом. Проте якщо наші серця чесні і бездоганні з точки зору Слова істини, ми сміливо можемо просити Бога про все.

Тому як віруюча людина ви повинні вивчати і розуміти Десять Заповідей, котрі служать коротким викладом шістдесяти шести книжок Біблії і роз'яснюють, наскільки ви непокірні їм.

I. Чи були в моєму серці які-небудь боги крім істинного Бога?

II. Чи робив я коли-небудь кумирів із свого майна, дітей, здоров'я, роботи, та іншого, чи поклонявся я їм?

III. Чи призивав я Імення Господа, Бога мого надаремно?

IV. Чи завжди я святив день суботній?

V. Чи завжди я шанував своїх батьків?

VI. Чи вбивав я коли-небудь фізично, або духовно, відчуваючи ненависть до своїх братів і сестер, або змушуючи їх грішити?

VII. Чи чинив я коли-небудь перелюб, навіть у думках?

VIII. Чи крав я коли-небудь?

IX. Чи свідкував я неправдиво коли-небудь на свого ближнього?

X. Чи жадав я коли-небудь майна ближнього свого?

Крім того, ви також повинні озирнутися і побачити, чи дотримувалися ви Божої заповіді любити своїх ближніх як самого себе. Якщо ви коритеся Божим заповідям і просите Його, всемогутній Бог зцілить будь-яку та всі ваші хвороби.

6. Ви повинні покаятися, що не сіяли разом із Богом.

Оскільки Бог управляє всім у всесвіті, Він створив серію законів для духовного царства, і як праведний Суддя, Він відповідно керує і управляє всім.

У Книзі Даниїла 6, цар Дарій потрапив у тяжку ситуацію, коли він не зміг врятувати свого улюбленого слугу Даниїла від лев'ячої пащі, незважаючи на те, що він був царем. Оскільки Дарій власноруч затвердив наказ, він не міг не коритися закону, котрий сам створив. Якщо цар першим відійде від правила і не скориться закону, тоді хто зважатиме на нього, хто служитиме йому? Тому незважаючи на те, що його улюбленого слугу Даниїла мали вкинути до лев'ячої ями за планом підступних людей, Дарій нічого не міг зробити.

Так само, оскільки Бог не відходить від правила, і не порушує закон, котрий Сам запровадив, все у всесвіті рухається за чітким порядком у Його верховній владі. Тому *«Не обманюйтеся, – Бог осміяний бути не може. Бо що тільки людина посіє, те саме і пожне!»* (Послання до галатів 6:7)

Чим більше ви сієте у молитві, тим більше відповідей ви отримаєте, тим більше ви виростите духовно, і ваше внутрішнє буття зміцніє, а ваш дух обновиться. Якщо ви хворіли або мали якусь недугу, але тепер сієте свій час у любові до Бога, старанно приймаєте участь в усіх богослужіннях, ви отримаєте благословення здоров'ям і безперечно відчуєте зміни у своєму тілі. Якщо ви сіяли багатство у Господі, Він захистить вас від випробувань, а також дасть благословення ще більшого достатку.

Коли ви зрозумієте, наскільки важливо сіяти в Бога, коли ви залишите надії на цей світ, які ведуть лише до занепаду і смерті, але замість цього почнете збирати свої нагороди на небесах в істинній вірі, всемогутній Бог дасть вам здоров'я.

Зі Словом Божим ми розібралися в тому, що стало стіною між Богом і людиною, чому ми жили у муках хвороби. Якщо ви досі не вірили в Бога і страждали від будь-яких хвороб, прийміть Ісуса як свого власного Спасителя і почніть життя у Христі. Не бійтеся тих, хто може вбити плоть. Тільки маючи страх перед Тим, Хто може засудити плоть і дух до пекла, охороняйте свою віру в Бога спасіння від переслідування своїх батьків, братів і сестер, чоловіка або дружини, свекра/тестя або свекрухи/тещі, та інших. Коли Бог визнає вашу віру, Він по милості Своїй вилікує вас.

Якщо ви – віруюча людина, але страждаєте від хвороби, придивіться до себе, подумайте, чи не залишились в вас якість залишки гріха: ненависті, заздрощів, неправедності, розпусти, пожадливості, злих мотивів, убивства, суперечок, пліток, лихослів'я, гордості та подібних якостей. Помолившись Богу і отримавши прощення через Його співчуття і милість, також отримайте відповідь на проблему вашої хвороби.

Багато людей намагаються торгуватися з Богом. Вони говорять, що якщо Бог вилікує їх від хвороби, тоді вони повірять в Ісуса і неодмінно підуть за Ним. Однак через те, що Бог знає серце кожної людини, тільки після духовного очищення людини Він вилікує кожного з них від фізичних хвороб.

Розуміючи, що думки людини відрізняються від думок Бога, ви спочатку повинні скоритися волі Бога, щоби ваш дух мав добрі стосунки з Богом, коли ви отримуватимете благословення зцілення від хвороби. В ім'я Господа нашого Ісуса Христа я молюсь!

Розділ 3

Бог-Лікар

Книга Вихід 15:26

Коли дійсно будеш ти слухати голосу Господа, Бога твого, і будеш робити слушне в очах Його, і будеш слухатися заповідей Його, і будеш виконувати всі постанови Його, то всю хворобу, що Я поклав був на Єгипет, не покладу на тебе, бо Я – Господь, Лікар твій!

Чому людина хворіє?

Незважаючи на те, що Бог-Лікар бажає, щоби всі Його діти не хворіли, багато хто з них страждає від болю хвороби, не може вирішити проблему хвороби. Саме так як у кожної причини є результат, кожна хвороба також має свою причину. Кожну хворобу можливо швидко вилікувати, коли буде встановлена причина. Всі, хто бажає зцілитися, спочатку повинні визначити причину своєї хвороби. Разом із Божим Словом (Книга Вихід 15:26) ми дізнаємося про причину хвороби та про способи, завдяки яким ми можемо звільнитися від хвороби і мати здорове життя.

«ГОСПОДЬ» – ім'я, визначене для Бога. Воно означає «Я ТОЙ, ЩО Є» (Книга Вихід 3:14). Ім'я також означає те, що всі інші істоти підпорядковуються владі Найшановнішого Бога. Із того, як Бог посилається на Себе як на «ГОСПОДА, твого Лікаря» (Книга Вихід 15:26), ми дізнаємося про любов Бога, яка звільняє нас від фізичного страждання хвороби, і про силу Бога, яка лікує хворобу.

У Книзі Вихід 15:26 Бог обіцяє нам: *«Коли дійсно будеш ти слухати голосу Господа, Бога твого, і будеш робити слушне в очах Його, і будеш слухатися заповідей Його, і будеш виконувати всі постанови Його, то всю хворобу, що Я поклав був на Єгипет, не покладу на тебе, бо Я – Господь, Лікар твій!»* Тому якщо ви захворіли, це є доказом того, що ви не слухали уважно Його голосу, не робили правди в Його очах, не звертали увагу на Його заповіді.

Адже Божі діти – громадяни небес. Вони повинні пильнувати закони небес. Однак якщо громадяни небес не коряться його законам, Бог не може захистити їх, тому що гріх – це беззаконня (1 Послання Івана 3:4). Крім того, сили хвороби проникають у неслухняних дітей Божих, змушуючи їх страждати від болю.

Давайте детально роздивимось через що ми можемо захворіти, встановимо причину хвороби, і дізнаємося як сила Бога-Лікаря може зцілити тих, хто страждає від хвороби.

Приклад, коли людина захворює в результаті гріха

У Біблії Бог знову і знову нагадує нам про те, що причиною хвороби є гріх. В Євангелії від Івана 5:14 написано: *«Після того Ісус стрів у храмі його [чоловіка, котрого Він вилікував раніше – виділено автором], та й промовив до нього: «Ось видужав ти. Не гріши ж уже більше, щоб не сталось тобі чого гіршого!»* Цей вірш нагадує нам про те, що якщо людина грішить, вона може захворіти ще серйозніше, ніж раніше, а також про те, що люди хворіють через гріх.

У Книзі Повторення Закону 7:12-15 Бог дав нам обітницю:

«І станеться, за те, що ви будете слухатися цих законів, і будете додержувати, і будете виконувати їх, то й Господь, Бог твій, буде додержувати для тебе заповіт та милість, що був присягнув батькам твоїм. І буде Він любити тебе, і поблагословить тебе, і розмножить тебе, і поблагословить плід твоєї утроби та плід твоєї землі, збіжжя твоє, і сік твій виноградний, і сік твоїх оливок, порід биків твоїх і котіння отари твоєї на тій землі, яку присягнув батькам твоїм дати тобі. Ти будеш благословенний поміж усіма народами, не буде серед тебе безплідного та безплідної, також і між худобою твоєю. І Господь відхилить від тебе всяку хворобу, і жодних лютих єгипетських недуг, які ти знаєш, не наведе їх на тебе, а дасть їх на всіх твоїх ворогів».

У тих людях, котрі ненавидять, – зло і гріх, і до таких людей приходить хвороба.

У Книзі Повторення Закону 28, яка відома всім як «Глава благословення», Бог говорить нам про види благословень, котрі ми отримаємо, коли повністю будемо покірними нашому Богові і старанно будемо виконувати всі Його заповіді. Він також розповідає нам про види проклять, які несподівано нападатимуть на нас і зненацька захоплюватимуть нас, якщо ми не будемо старанно виконувати всі Його заповіді і накази.

Особлива увага звертається на види захворювань, які накладатимуться на нас, якщо ми не будемо коритися Богу. Це моровиця, сухоти, пропасниця, запалення, гарячка, посуха, іржа і пліснява (мільдью); «Ударить тебе Господь єгипетським гнояком, ґудзями, лишаями, струпами такими, що не зможеш вилікувати»; божевіллям, сліпотою, туподумством; злим гнояком на колінах і на стегнах, від якого не зможеш вилікуватися, від стопи ніг твоїх і аж до черепа твого (Книга Повторення Закону 28:21-35).

За умови правильного розуміння причиною хвороби є гріх. Якщо ви захворіли, спочатку ви повинні покаятися, що не жили за Словом Божим, і отримати прощення. Коли ви одужаєте, ви вже не повинні грішити але жити за Словом.

Приклад, коли людина захворює, не розуміючи, що зогрішила

Деякі люди кажуть, що захворіли, хоча не зогрішили. Однак Слово Боже говорить нам, що якщо ми робимо правду в очах Бога, якщо ми звертаємо увагу на Його заповіді і виконуємо всі Його накази, тоді Бог не дасть нам ніякої хвороби. Якщо ми захворіли, ми маємо визнати, що не робили правди в очах Бога і не виконували Його наказів.

Тож яким є гріх, котрий спричинює хвороби?

Якщо людина використовувала своє здорове тіло, дане їй Богом, неконтрольовано, не зважаючи на моральні принципи, не корилася Його заповідям, робила помилки, або була неорганізованою, тоді вона піддає себе більшому ризику захворіти. До таких хвороб відносяться розлади у роботі шлунково-кишкового тракту через надмірне або нерегулярне вживання їжі, захворювання печінки від безперервного паління і вживання алкоголю, а також багато інших захворювань від перевантаження власного тіла.

Можливо, з точки зору людини це не гріх, але з точки зору Бога – це гріх. Надмірне вживання їжі – гріх, бо це прояв пожадливості і нездатності контролювати себе. Якщо людина захворіла в результаті нерегулярного вживання їжі, її гріх не у безрежимному житті, не в ігноруванні годин вживання їжі, але у тому, що людина неправильно поводилася зі своїм тілом, та не вміла володіти собою. Якщо людина захворіла після споживання неприготованої їжі, її гріх у нетерпимості, у тому, що вона робила це не за істиною.

Якщо людина необережно поводилася з ножем і порізалася, а рана загноїлася, – це також є результатом гріха. Якщо людина щиро любить Бога, Він захистить її від будь-яких нещасних випадків. Навіть якщо людина вчинила помилку, Бог би знайшов вихід, і через те що Він робить все на благо людей, які люблять Його, на їхніх тілах не залишалися б шрамів. Рани і пошкодження трапляються через те, що людина діяла похапцем і не доброчесно, що не є правдою в очах Бога, а отже вважається гріхом.

Це саме правило стосується паління і вживання алкоголю. Якщо людина знає, що паління затьмарює розум, пошкоджує бронхи, і викликає рак, але все ще не може кинути цю звичку, а також якщо людина знає, що токсичні речовини алкоголю руйнують кишечник і внутрішні органи, але все-таки не може кинути цю звичку, – вона чинить гріх. Дії цієї людини говорять про те, що вона не може контролювати себе, вона жадібна, не любить своє тіло і не кориться волі Божій. Чи можна стверджувати, що це не гріх?

Навіть якщо ми не були впевненими у тому, що всі хвороби – це результат гріха, тепер ми можемо точно сказати, що це так після розгляду багатьох різних випадків і порівняння їх зі Словом Божим. Ми завжди повинні коритися і жити за Словом Божим, щоби звільнитися від хвороби. Інакше кажучи, коли ми чинимо правду в очах Бога, звертаємо увагу на Його заповіді і виконуємо всі Його накази, Він завжди захистить нас від хвороби.

Хвороби, спричинені неврозами та іншими психічними розладами

За статистикою кількість людей, що страждають неврозами та іншими психічними розладами, постійно збільшується. Якщо люди будуть терплячими, чого нас вчить Слово Боже, якщо вони прощатимуть, любитимуть і розумітимуть одне одного відповідно до істини, вони легко можуть бути вільними від таких хвороб. Проте, все-таки в їхніх серцях залишається зло, яке не дає їм жити за Словом. Психічні страждання порушують роботу інших органів тіла людини, а також впливають на імунну систему, зрештою приводячи до хвороби. Якщо ми живемо за Словом, ми не будемо надто емоційними, не станемо запальними, і наш розум не буде збуджуватися.

Також навколо нас існують люди, які не здаються злими, але навпаки справляють враження добрих людей, однак вони страждають психічними захворюваннями. Адже вони стримують себе навіть від звичайного прояву емоцій, вони страждають від серйозніших захворювань, ніж ті, які дають вихід своїм гніву та люті. Доброчинність в істині – це не фізичні страждання в результаті боротьби між протилежними почуттями; навпаки, це розуміння один одного у прощенні і любові, утішання у самовладанні і терпінні.

Крім того, коли люди свідомо чинять гріх, вони починають страждати від психічних розладів внаслідок душевного болю і руйнування психічної системи. Через те що люди не чинять добро, але стають ближчими до зла, їхнє душевне страждання призводить до хвороб. Нам потрібно знати, що неврози та інші психічні розлади безпосередньо шкодять самій людині, якщо вони спричинені її власним безглуздям та грішним способом життя. Навіть у такому випадку Бог любові вилікує всіх, хто шукає Його, хто бажає отримати зцілення від Нього. До того ж, Він дасть їм надію на небеса і дозволить жити в істинному щасті і комфорті.

Хвороби від ворога-диявола також бувають через гріх

Деякі люди стали одержимими і страждають від усіх хвороб, які посилає їм диявол. Це тому що вони залишили волю Бога і відвернулися від істини. Така велика кількість тяжко хворих людей, калік та одержимих дияволом пояснюється тим, що їхні рідні поклонялися ідолам, а Бог надзвичайно ненавидить поклоніння ідолам.

У Книзі Вихід 20:5-6 ми читаємо:

«Не вклоняйся їм і не служи їм, бо Я Господь, Бог твій, Бог заздрісний, що карає за провину батьків на синах, на третіх і на четвертих поколіннях тих, хто ненавидить Мене, і що чинить милість тисячам поколінь тих, хто любить Мене, і хто держиться Моїх заповідей».

Він дав нам особливу заповідь, заборонивши нам

поклонятися ідолам. Із Десяти Заповідей, котрі дав нам Бог, прочитавши перші дві: *«Хай не буде тобі інших богів передо Мною!»* (вірш 3) і *«Не роби собі різьби і всякої подоби з того, що на небі вгорі, і що на землі долі, і що в воді під землею»* (вірш 4), ми можемо легко сказати, наскільки Бог ненавидить поклоніння ідолам.

Якщо батьки не коряться волі Божій і поклоняються ідолам, їхні діти, звичайно, підуть їхньою дорогою. Якщо батьки не коряться Слову Божому і чинять зло, їхні діти також робитимуть те саме. Коли гріх непокори доходить до третього і четвертого покоління, заплатою за гріх стає страждання їхніх нащадків від хвороб, які посилає їм ворог-диявол.

Навіть якщо батьки поклонялися ідолам, але їхні діти, через благочестя своїх сердець, поклоняються Богу, Він покаже їм Свою любов і милість, благословивши їх. Навіть якщо люди зараз страждають від хвороб, які навів на них ворог-диявол після того, як вони відвернулися від волі Бога і віддалилися від істини, якщо вони покаються і відвернуться від гріха, Бог-Лікар очистить їх. Деяких він вилікує негайно, інших – трохи пізніше, а інших Він вилікує відповідно до росту їхньої віри. Лікування відбуватиметься відповідно до волі Бога: люди зі щирим серцем будуть зцілені одразу, однак якщо вони мають підступні серця, вони будуть вилікувані пізніше.

Якщо ми живемо по вірі, ми не будемо хворіти

Через те що Мойсей був покірнішим за всіх інших людей, які жили на землі (Книга Числа 12:3), і найвірнішим в усьому домі Божому, він вважався надійним слугою Бога (Книга Числа 12:7). У Біблії також розповідається, що коли Мойсей помер у віці ста двадцяти років, його очі не затемнились і сила його не зменшилась (Книга Повторення Закону 34:7). Авраам був єдиним чоловіком, який корився від віри, і якого поважав Бог. Він жив 175 років (Книга Буття 25:7). Даниїл був здоровою людиною, хоча їв лише овочі (Книга пророка Даниїла 1:12-16), а Іван Христитель був сильним, хоча їв лише сарану та дикий мед (Євангеліє від Матвія 3:4).

Хтось може зацікавитися, яким чином люди можуть залишатися здоровими, не вживаючи м'яса. Однак коли Бог спочатку створив людину, Він наказав їй їсти тільки плоди. У Книзі Буття 2:16-17 Бог говорить людині:

«І наказав Господь Бог Адамові, кажучи: Із кожного дерева в Раю ти можеш їсти. Але з дерева знання добра й зла не їж від нього, бо в день їди твоєї від нього ти напевно помреш!»

Після того, як Адам проявив непокору, Бог змусив його

їсти лише польову траву (Книга Буття 3:18). І оскільки гріх продовжував розростатися у цьому світі, після суду потопом Бог сказав Ною у Книзі Буття 9:3: *«Усе, що плазує, що живе воно, – буде вам наїжу. Як зелену ярину – Я віддав вам усе».* Оскільки люди поступово ставали поганими, Бог дозволив їм вживати м'ясо, але не будь-яку «нечисту» їжу (Книга Левит 11; Книга Повторення Закону 14).

У часи Нового Заповіту Бог звернувся до нас у Книзі Дії 15:29: *«Стримуватися від ідольських жертов та крови, задушенини, та від блуду. Оберегаючися від того, ви зробите добре. Бувайте здорові!»* Він дозволив нам вживати їжу, корисну для здоров'я, і порадив не вживати шкідливу їжу. Для нас було б кориснішим не їсти та не пити те, що не подобається Богу. Хоча ми дотримуємося волі Бога і живемо по вірі, наші тіла стануть сильнішими, хвороби залишать нас і жодна з них в нас не проникне.

Крім того, ми не захворіємо, якщо житимемо у праведності та вірі, тому що дві тисячі років тому Ісус Христос прийшов на цю землю і взяв на Себе наш важкий тягар. Якщо ми віримо, що проливши Свою кров Ісус визволив нас від наших гріхів, поніс наші немочі і недуги (Євангеліє від Матвія 8:17), уздоровивши нас Своїми ранами, це відбудеться відповідно до нашої віри (Книга пророка Ісаї 53:5-6; 1 Послання Петра 2:24).

До нашої зустрічі з Богом ми не мали віри. Ми прагнули жити за бажаннями своєї гріховної природи і в результаті своїх гріхів страждали від різноманітних захворювань. Якщо ми живемо по вірі і робимо все по правді, ми отримаємо фізичне здоров'я як благословення.

Якщо здоровий розум, тоді буде здоровим і тіло. Якщо ми живемо по правді і за Словом Божим, наші тіла сповняться Святим Духом. Хвороби залишать нас. І коли наші тіла отримають фізичне здоров'я, жодна хвороба не проникне в нас. Бо наші тіла матимуть мир, відчуватимуть світло, радітимуть, і будуть здоровими. Ми не будемо жити в нужді, але завжди дякуватимемо за те, що Бог дав нам здоров'я.

В ім'я Господа нашого Ісуса Христа я молюся про те, щоби ви діяли по правді і по вірі, щоби ваш дух був у злагоді, щоби ви одужали від усіх своїх хвороб і недугів, щоби ви були здорові! Щоби ви також відчули велику Божу любов, живучи у покорі до Його Слова!

Розділ 4

Його ранами ми вздоровилися

Книга пророка Ісаї 53:4-5

Направду ж Він немочі наші узяв і наші болі поніс, а ми уважали Його за пораненого, ніби Бог Його вдарив поразами й мучив... А Він був ранений за наші гріхи, за наші провини Він мучений був, кара на Ньому була за наш мир, Його ж ранами нас уздоровлено!

Ісус – Син Божий вилікував всі хвороби

Коли люди самостійно намагаються управляти ходом свого життя, вони стикаються з безліччю проблем. Так само як море не завжди буває спокійним, життєве море також має багато проблем, які походять від домівки, роботи, бізнесу, хвороб, достатку та інших факторів. Не буде перебільшенням заявити, що поміж всіх цих нещасть у житті людини найважливішим є хвороба.

Незалежно від кількості багатства і знань людини, якщо вона уражена серйозною хворобою, все, заради чого вона працювала все своє життя, буде лише мильним пузирем. З одного боку ми бачимо, що матеріальний світ удосконалюється і достаток людей збільшується, а також зростає бажання людини бути здоровою. З іншого боку, незалежно від розвитку науки і медицини, постійно виявляються нові і рідкі види хвороб, проти яких знання людей є безсилим, і кількість постраждалих постійно зростає. Можливо тому особлива увага сьогодні приділяється здоров'ю.

Страждання, хвороба, смерть – все це походить від гріха. Це скорочує вік життя людини. Так само як Бог-Лікар чинив у часи Старого Заповіту, Він показує нам сьогодні шлях, яким люди, які вірять в Нього, можуть отримати уздоровлення від усіх хвороб, від їхньої віри в Ісуса Христа. Давайте розглянемо Біблію і побачимо, чому ми отримуємо відповіді на проблему хвороби і маємо здоров'я через нашу віру в Ісуса Христа.

Коли Ісус спитав Своїх учнів: «А ви за кого Мене маєте?», Симон Петро відповів: «Ти – Христос, Син Бога Живого!» (Євангеліє від Матвія 16:15-16) Ця відповідь здається дуже простою, але вона чітко вказує на те, що тільки Ісус є Христос.

За часів життя Ісуса за Ним йшов великий натовп людей, тому що Він за мить зціляв хворих. То були одержимі дияволом, епілептики, паралічні та інші люди, які страждали від різноманітних хвороб. Коли прокажені, а також люди, які мали пропасницю, каліки, сліпі одужували після того, як Ісус торкався їх, вони йшли за Ним і служили Йому. Це було просто чудове видовище. Коли люди бачили такі дива, вони починали вірити і приймали Ісуса, отримували відповіді на свої життєві проблеми, а хворі відчували роботу зцілення. Ісус лікував людей, живучи на землі. Але кожна людина, яка приходить до Ісуса сьогодні, також може отримати зцілення.

Скоро після заснування моєї церкви один чоловік, котрий був схожий на каліку, прийшов у п'ятницю на нічне богослужіння. Після автомобільної аварії він довгий час перебував у лікарні. Через те, що сухожилля в його колінах розтягнулися, він не міг зігнути ногу і не міг ходити. Коли чоловік почув проповідь Слова, він зажадав прийняти Ісуса Христа і зцілитися. Коли я щиро помолився за цього чоловіка, він у той же час підвівся, почав ходити і бігати. Саме так, як той чоловік, який був кривий з утроби своєї матері, що сидів щоденно в воротях храму, що Красними звалися, скочив на свої ноги і почав ходити після молитви

Петра за нього (Книга Дії 3:1-10), Бог явив Свою роботу.

Цей випадок є доказом того, що будь-яка людина, яка вірить в Ісуса Христа і отримає прощення у Його ім'я, може повністю вилікуватись від усіх хвороб, навіть якщо їх неможливо вилікувати медичними засобами. Тіло людини ніби відновлюється і відроджується. Бог учора, і сьогодні, і навіки Той Самий! (Послання до євреїв 13:8) Він працює в людях, котрі вірять у Його Слово, хто шукає Бога відповідно до міри своєї віри. Він лікує будь-які хвороби, відкриває очі сліпим, ставить кривих на ноги.

Будь-яка людина, яка прийняла Ісуса Христа, отримала прощення за всі свої гріхи і стала дитиною Бога, тепер повинна бути вільною.

Тепер давайте детально роздивимося, чому кожен з нас може бути здоровим, якщо повірить в Ісуса Христа.

Ісуса бичували. Він полив за нас Свою кров

Перед Своїм розп'яттям Ісуса бичували римські солдати, проливши Його кров на дворі Понтія Пилата. Римські солдати мали міцне здоров'я, були дуже сильними і тренованими. Адже вони були солдатами імперії, яка у той час керувала всім світом. Неможливо описати словами той нестерпний біль, який терпів Ісус, коли ці сильні солдати здирали з Нього шкіру, бичуючи Його. При кожному ударі батіг обкручувався навколо тіла Ісуса, здираючи шкіру. По Ньому текла кров.

Чому Ісуса, Сина Божого, Який не мав гріха і порока, так жорстоко бичували за нас, грішників? Ця подія має глибокий духовний підтекст і дивовижне провидіння Бога.

У 1 Посланні Петра 2:24 написано, що ранами Ісуса ми вздоровилися. У Книзі Ісаї 53:5 ми читаємо про те, що Його ранами нас уздоровлено. Приблизно дві тисячі років тому Ісус, Син Божий, поніс покарання, щоби звільнити нас від фізичних мук хвороби, і пролив кров за наш гріх, який полягав у тому, що ми не жили за Словом Божим. Коли ми повіримо в Ісуса, Котрий поніс покарання і пролив Свою кров, ми вже отримаємо свободу від своїх хвороб і зцілимося. Це знак дивовижної Божої любові і мудрості.

Тому, якщо ви, Боже дитя, страждаєте від хвороби, покайтеся у своїх гріхах і повірте у те, що ви вже отримали зцілення. *«Віра – то підстава сподіваного, доказ небаченого»* (Послання до євреїв 11:1). Навіть якщо ви десь у своєму тілі відчуваєте біль, від віри, з якою ви говорите: «Я вже зцілився», ви скоро дійсно одужаєте від своєї хвороби.

У початковій школі я пошкодив одне із ребер. Час від часу я відчував такий нестерпний біль, що ледве дихав. Минув рік або два після того, як я прийняв Ісуса Христа. Біль повертався, коли я намагався підняти важкий предмет, але не міг зробити навіть наступний крок. Однак оскільки я вже пізнав Бога і вірив у Його силу, я щиро молився:

«Коли я поворухнуся після молитви, я вірю в те, що біль зникне, і я зможу ходити». Оскільки я вірив тільки у свого всемогутнього Бога, я знищив думку про біль. Тоді я зміг підвестися і пішов. Здавалося, біль був лише моєю уявою.

В Євангелії від Марка 11:24 Ісус говорив: *«Через це говорю вам: Усе, чого ви в молитві попросите, вірте, що одержите, і сповниться вам»*. Якщо ми віримо в те, що вже одужали, ми дійсно отримаємо зцілення від своєї віри. Однак якщо ми будемо думати, що ще не одужали через виснажливий біль, хвороба залишиться. Інакше кажучи, тільки коли ми зламаємо систему власних думок, все буде зроблено відповідно до нашої віри.

Тому Бог говорить нам про те, що думка тілесна – ворожнеча на Бога (Послання до римлян 8:7), і спонукає нас полонити всяке знання на послух Богові (2 Послання до коринтян 10:5). Крім того, в Євангелії від Матвія 8:17 читаємо про те, що Ісус узяв наші немочі, і недуги поніс. Якщо ви будете думати: «Я хворий/хвора», тоді ви залишитеся хворими. Однак незалежно від того, наскільки важким і виснажливим може бути ваше життя, якщо ви устами своїми будете сповідувати: «Я сповнений/сповнена сили і милості Божої, і Святий Дух управляє мною. Тому я не стомлююсь». Втома поступово зникне, і ви станете здоровою людиною.

Якщо ми дійсно віримо в Ісуса Христа, Котрий взяв на Себе наші немочі і поніс наші хвороби, ми повинні пам'ятати, що немає жодної підстави для страждання від хвороби.

Коли Ісус побачив їхню віру

Тепер, коли ми вилікувалися від своїх хвороб через Ісуса, Який прийняв за нас покарання, нам потрібна віра, завдяки якій ми можемо у це повірити. Сьогодні багато людей, котрі раніше не вірили в Ісуса Христа, звертаються до Нього зі своїми хворобами. Деякі люди зцілюються через деякий час після того, як прийняли Ісуса Христа, тоді як інші не мають прогресу навіть після декількох місяців молитви. Остання група людей повинна згадати своє минуле і дослідити свою віру.

У світі історії, зображеній в Євангелії від Марка 2:1-12, давайте роздивимося, як розслаблений і його четверо друзів явили свою віру, добилися руки Господа, що зцілює, щоби Він звільнив чоловіка від хвороби, а також щоби прославити Бога.

Коли Ісус прийшов до Капернауму, звістка про це розповсюдилася дуже швидко, і зібрався великий натовп людей. Ісус проповідував їм Слово Боже – істину – і натовп уважно слухав, боячись пропустити хоча б слово, вимовлене Ісусом. Саме тоді четверо чоловіків принесли розслабленого на ложі, але через великий натовп вони не могли піднести хворого ближче до Ісуса.

Однак друзі не здавалися. Вони зайшли на дах будинку, у якому перебував Ісус, розкрили стелю, і, пробравши, звісили ложе, на якому лежав розслаблений. Ісус, побачивши їхню віру, сказав розслабленому: «Відпускаються, сину, гріхи тобі! ... Уставай, візьми ложе своє та й уходи». І розслаблений отримав зцілення, яке щиро бажав мати. Коли він взяв своє ложе і вийшов перед усіма, так що всі дивувались і славили Бога.

Розслаблений страждав від такої тяжкої хвороби, через яку він не міг самостійно рухатися. Коли хворий почув звістку про Ісуса, Котрий відкрив очі сліпому, зцілив каліку, вилікував прокаженого, вигнав демонів і вздоровив багатьох інших, які страждали від різних хвороб, він палко бажав зустріти Ісуса. Чоловік мав добре серце. І коли він почув звістку про Ісуса, одразу зажадав зустрітися з Ним, як тільки дізнався, де може перебувати Ісус.

Тож одного дня розслаблений почув, що Ісус прийшов до Капернауму. Чи уявляєте ви, в якому захваті був чоловік, коли почув цю новину? Напевно він почав шукати друзів, які могли б йому допомогти, котрі мали б таку ж віру, яка була в нього, і охоче задовольнили б прохання свого друга. Друзі хворого чоловіка також чули новину про Ісуса. Коли він щиро попросив їх донести його до Ісуса, вони погодилися.

Якби друзі знехтували проханням розслабленого і осміяли його, сказавши: «Як ти можеш вірити у щось, не побачивши це на власні очі?», їм би не треба було проходили крізь всі труднощі, щоби допомогти своєму другові. Однак вони також мали віру, тож могли принести свого друга на ложі, тримаючи його з чотирьох сторін. Вони навіть не зважили на клопіт, коли розбирали стелю будинку.

Здолавши велику відстань, у Капернаумі, чоловіки побачили великий натовп, крізь який вони не могли протиснутися, щоби побачити Ісуса. Напевно друзі засмутилися і занепокоїлися. Можливо вони просили, навіть благали, щоби натовп трохи розступився. Проте натовп був таким щільним, що проходу не було видно. І чоловіки засмутилися. Зрештою вони вирішили піднятися на стелю будинку, у якому перебував Ісус, розкрили її і звісили перед Ісусом ложе, на якому лежав розслаблений. Розслаблений зустрівся з Ісусом, ставши ближче до Нього, ніж будь-хто із присутніх. Через цю історію ми можемо дізнатися, наскільки щиро розслаблений і його друзі бажали зустрітися з Ісусом.

Ми повинні звернути увагу на той факт, що хворий і його друзі не просто постали перед Ісусом. Той факт, що друзі доклали зусиль і пройшли через перешкоди, щоби зустрітися з Ісусом, почувши про Нього, доводить те, що вони вірили у звістку про Нього і у Його вчення. До того ж, долаючи справжні труднощі, терплячи та наполегливо наближаючись до Ісуса, розслаблений і його друзі показали, свою покірність.

Коли люди побачили розслабленого і його друзів, які вилазили на дах і робили отвір у стелі, вони могли глузувати з них, або розгніватися. Можливо, могло відбутися таке, про що ми навіть не можемо подумати. Проте цим п'ятьом ніщо не могло завадити. Як тільки вони зустрілися з Ісусом, розслаблений отримав зцілення, а друзі могли полагодити стелю або відшкодувати збитки.

Проте серед людей, які страждають від тяжких хвороб сьогодні, важко знайти пацієнта, або його родичів, котрі мали би таку віру. Замість того, щоби наполегливо наближатися до Ісуса, вони говорять: «Я дуже хворий/хвора. Я би хотів/хотіла піти, але я не можу», або «Одна моя родичка настільки хвора, що вона навіть не може ворушитися». Сумно бачити таких пасивних людей, які, здається, лише чекають, коли яблуко з яблуні само впаде їм до рота. Інакше кажучи, таким людям не вистачає віри.

Якщо люди відкрито сповідують свою віру в Бога, вони також повинні проявляти її на ділі. Жоден не може відчути роботу Бога вірою, яку він колись отримав, зберігаючи її лише як знання. Тільки тоді, коли людина дійсно демонструє свою віру, вона стає живою. І тільки тоді буде збудована основа для отримання Богом даної духовної віри. Тому як розслаблений прийняв Божу роботу зцілення на свою основу віри, так і ми повинні стати мудрими і явити Йому свою основу віри – саму віру – так, щоби ми також отримували Богом дану духовну віру і відчували у своєму житті Його дивну роботу.

Відпускаються гріхи тобі

Ісус сказав розслабленому, якому допомогли його друзі: «Відпускаються, сину, гріхи тобі!», вирішивши проблему гріха. Людина не може отримати відповіді, якщо між нею і Богом існує стіна гріха. Ісус спочатку вирішив проблему гріха для розслабленого, котрий прийшов до Нього, маючи основу віри.

Якщо ми щиро сповідуємо свою віру в Бога, у Біблії сказано, з якими почуттями ми повинні звертатися до Нього і як маємо діяти. Якщо ми будемо коритися таким наказам як «Можна», «Не можна», «Дотримуйтесь», «Покиньте», і подібним, тоді неправедні люди стануть праведними, а брехуни перетворяться на правдивих і чесних людей. Якщо ми будемо покірними Слову істини, наші гріхи будуть змиті кров'ю нашого Господа і коли ми отримаємо прощення, Бог захистить нас і відповість на наші молитви.

Всі хвороби походять від гріха. Коли проблема гріха вирішиться, зміцняться умови, за яких може проявитися Божа любов. Так само як загорається електрична лампочка, і працює електрична мережа, коли струм входить в анод і виходить з катоду, Бог бачить основу нашої віри, прощає і дає людині віру згори, таким чином творячи диво.

«Уставай, візьми ложе своє, та йди у свій дім!» Це дуже зворушливі слова. Побачивши віру розслабленого і його чотирьох друзів, Ісус вирішив проблему гріха, і розслаблений у ту ж мить почав ходити. Він став здоровим після довгих років страждання. Крім того, якщо ми бажаємо не тільки зцілитися, але й вирішити інші проблеми, ми повинні пам'ятати, що спочатку маємо отримати прощення і очистити своє серце.

Коли люди мали слабку віру, можливо, вони намагалися

вирішити свою проблему, покладаючись на медичну допомогу і на лікарів, але тепер, коли їхня віра виросла, коли вони люблять Бога і живуть за Його Словом, хвороба не вражає їх. Навіть якщо люди захворіли, коли вони спочатку озирнуться на себе, щиро покаються і відвернуться від своїх гріхів, вони у ту ж мить одужають. Я знаю, що багато хто з вас пересвідчився у цьому на власному досвіді.

Нещодавно старійшині моєї церкви поставили діагноз – перелом диску. І несподівано він втратив можливість рухатися. Він відразу озирнувся на своє життя, покаявся і прийняв мою молитву. Бог почав лікувати його, і чоловік одужав.

Коли в однієї дівчинки була лихоманка, мати зрозуміла, що коренем страждання дитини стала її (материна) нестриманість. Коли матір покаялася, дитина одужала.

Щоби спасти людство, яке через непокору Адама потрапило на шлях загибелі, Бог послав на нашу землю Ісуса Христа, дозволивши Йому бути розіп'ятим за нас на дерев'яному хресті. Це відбулося, бо у Біблії сказано: *«Без пролиття крови не має відпущення»* (Послання до євреїв 9:22) і *«Проклятий усякий, хто висить на дереві»* (Посланні до галатів 3:13).

Тепер, коли ми знаємо, що проблема гріха походить від нього самого, ми повинні покаятися в усіх своїх гріхах і щиро повірити в Ісуса Христа, Котрий звільнив нас від усіх хвороб, і, маючи віру, жити здоровим життям. Багато братів сьогодні зцілюються, свідчачи про силу живого Бога.

Це говорить про те, що для того, хто приймає Ісуса Христа і просить в Його ім'я, всі проблеми хвороби можуть бути вирішені. Якщо віруюча людина, незалежно від важкості свого захворювання, має у серці віру в Ісуса Христа, Котрий прийняв покарання і пролив Свою кров за нас, відбувається дивовижне зцілення, через яке прославляється Бог.

Віра, підтверджена ділами

Так само як розслаблений за допомогою своїх друзів отримав зцілення після того, як вони показали Ісусові свою віру, якщо ми бажаємо отримувати відповіді на бажання нашого серця, ми також повинні являти Богові свою віру, підкріплену справами, зміцнюючи таким чином основу віри. Для того, щоби допомогти читачам краще зрозуміти, що таке «віра», я пропоную ознайомитися з коротким поясненням.

У християнському житті людини «віра» може бути двох видів. «Віра плоті» і «віра обізнаності» означають віру, засновану на матеріальних доказах, а Слово лише відповідає знанням і думкам людини. Людина має «духовну віру», коли вірить, не бачачи, і навіть якщо Слово не співпадає з її знаннями і думками.

«Вірою плоті» людина вірить лише у те, що можна бачити, що у свою чергу було створено тільки з чогось іншого, також видимого. «Духовною вірою», яку людина не може мати, засновуючись на власних думках і знаннях, людина вірить у те, що щось видиме може бути створено з невидимого. Останнє вимагає руйнування знань і думок людини.

Від самого народження у мозку людини накопичується незчисленна кількість знань. Там відкладаються знання про те, що людина бачить і чує, а також вивчає у різному середовищі і умовах. Однак через те, що не всі знання виявляються істинними, якщо одне з них суперечить Слову Божому, людина, звичайно, має відкинути його. Наприклад, у школі навчають про те, що кожне живе створіння формувалося методом ділення клітин або еволюціонувало з одновалентного елемента у багатоклітинний організм. Але з Біблії людина дізнається про те, що все живе було створено Богом відповідно до своїх характеристик. Що нам робити? Помилковість теорії еволюції вже була визнана навіть на науковому рівні. Яким чином можливо, навіть з точки зору людини, щоби за сотні мільйонів років мавпа еволюціонувала у людину, а жаба – у птаха? Навіть логіка схиляється на сторону теорії створіння.

Так само, якщо «віру плоті» перетворити на «духовну віру», відкинувши свої сумніви, ви твердо стоятимете на скелі віри. До того ж, якщо ви відкрито сповідуєте свою віру в Бога, ви можете застосувати на практиці колись зібрані вами знання. Якщо ви сповідуєте свою віру в Бога, ви повинні бути світильником цьому світу, освячуючи День Господень, проявляючи любов до свого ближнього і покоряючись Слову істини.

Якщо би розслаблений із Євангелія від Марка 2 залишився вдома, він би не зцілився. Однак через те, що він вірив, що одужає як тільки постане перед Ісусом, проявивши свою віру, доклавши і використавши будь-який можливий спосіб, розслаблений отримав зцілення. Навіть якщо людина, яка бажає побудувати будинок, лише молиться: «Господь, я вірю, що будинок буде збудовано», сотні та навіть тисячі молитов не закінчаться тим, що будинок сам собою побудується. Людина має виконати свою частину роботи, приготувавши фундамент, розставивши колони та інше. Коротше кажучи, необхідно діяти.

Якщо ви або хтось із вашої родини страждає від хвороби, вірте у те, що Бог простить і зцілить, коли побачить у вашій родині єдність і любов, які є основою віри. Деякі люди говорять: оскільки для всього свій час, то буде час і для зцілення. Але пам'ятайте, що «час» буде тоді, коли людина встановить свою основу віри для Бога.

В ім'я Господа нашого Ісуса Христа я молюся про те, щоби ви зцілилися від хвороб, а також отримали відповіді щодо всього, про що просите, щоби ви в усьому прославляли Бога!

Розділ 5

Сила лікувати недугу

Євангеліє від Матвія 10:1

І закликав Він дванадцятьох Своїх учнів, і владу їм

дав над нечистими духами, щоб їх виганяли вони,

щоб уздоровляли всіляку недугу і неміч всіляку

Сила уздоровляти всіляку недугу і неміч

Існує багато способів засвідчити невіруючим про живого Бога. Одним з таких способів є зцілення від хвороби. Коли зцілюються люди, які страждали від невиліковних, смертельних хвороб, проти яких медицина безсила, вони вже не можуть заперечувати силу Бога-Творця, починають вірити в Його силу і прославляють Його.

Незважаючи на своє благополуччя, авторитет, славу і обізнаність, багато людей у наш час не можуть вирішити проблему хвороби. Вони так і живуть з цим болем. Незважаючи на те, що велику кількість захворювань неможливо вилікувати навіть за допомогою найсучаснішої медицини, якщо люди вірять у всемогутнього Бога, покладаються на Нього і довіряють Йому вирішення своєї проблеми, всі невиліковні, смертельні хвороби можуть бути вилікувані. Наш Бог – всемогутній. Для Нього немає нічого неможливого. Він може створити щось із нічого, змусити суху палицю пустити пуп'янки і зацвісти (Книга Числа 17:23), і воскресити мертвого (Євангеліє від Івана 11:17-44).

Сила нашого Бога дійсно може уздоровити будь-яку хворобу. В Євангелії від Матвія 4:23 читаємо: *«І ходив Він по всій Галілеї, по їхніх синагогах навчаючи, та Євангелію Царства проповідуючи, і вздоровлюючи всяку недугу, і всяку неміч між людьми»*, а в Євангелії від Матвія 8:17 написано: *«Щоб справдилося, що сказав був Ісая пророк, промовляючи: Він узяв наші немочі, і недуги поніс».* У цих уривках говориться про «недуги» і «немочі».

Під «недугами» тут розуміють не порівняно неважкі хвороби як застуда чи перевтома. Недуга – це ненормальний стан людини, коли функції організму чи органів людини паралізуються або відмовляються працювати внаслідок нещасливого випадку, помилки батьків або самого хворого. Наприклад, німі, глухі, сліпі, каліки, ті, що страждають від наслідків поліомієліту, та інші, котрих неможливо вилікувати за допомогою людських знань, можна класифікувати як «недуги». Крім випадків, спричинених нещасливими випадками, власними помилками чи помилками батьків, як у випадку зі сліпим від народження в Євангелії від Івана 9:1-3, є люди, які страждають від недуги, щоби прославилося ім'я Боже. Однак такі випадки рідкі, адже більшість із них стали причиною неосвіченості або помилки людей.

Коли люди каються і приймають Ісуса Христа, прагнучи вірити в Бога, Він дає їм в дар Святого Духа. Разом із Святим Духом вони також отримують право стати дітьми Божими. Більшість хвороб лікується за присутності Святого Духа, окрім найтяжчих і найсерйозніших випадків. Хворі отримують Святого Духа, тому вогонь Святого Духа сходить на них і обпалює їхні рани. Крім того, навіть якщо людина страждає від важкої хвороби, коли вона молиться з вірою, руйнуючи стіну гріха між собою і Богом, відвертається від гріхів і кається, вона отримує зцілення від віри.

«Вогонь Святого Духа» означає хрещення вогнем, яке відбувається після того, як людина отримує Святого Духа, і в очах Бога це Його сила. Коли духовні очі Івана Христителя були відкритими, він говорив про вогонь Святого Духа як про «хрещення вогнем». В Євангелії від Матвія 3:11, Іван Христитель сказав: *«Я хрищу вас водою на покаяння, але Той, Хто йде по мені, потужніший від мене: я недостойний понести взуття Йому! Він христитиме вас Святим Духом й огнем».* Хрещення вогнем не приходить у будь-яку мить, але тільки тоді, коли людина сповнюється Святим Духом. Оскільки вогонь Святого Духа завжди сходить на того, хто сповнюється Святим Духом, всі його гріхи і хвороби будуть випалені, і він почне жити здоровим життям.

Коли вогняне хрещення випалює прокляття хвороби, більшість з них виліковуються; однак недуги неможливо випалити навіть вогняним хрещенням. Тож як можна вилікувати недуги?

Всі недуги можна вилікувати тільки силою, даною Богом. Тому в Євангелії від Івана 9:32-33 ми читаємо:

«Відвіку не чувано, щоб хто очі відкрив був сліпому з народження. Коли б не від Бога був Цей, Він нічого не міг би чинити».

У Книзі Дії 3:1-10 описується історія, коли Петро і Іван, які отримали силу Бога, допомогли одужати кривому від народження, що милостині просив при Красних воротях храму. Коли Петро сказав йому у вірші 6: *«Срібла й золота в мене нема, але що я маю, даю тобі: У Ім'я Ісуса Христа Назарянина – устань та й ходи!»* і взявши його за праву руку підвів його. І у ту ж мить зміцнилися ноги й суглоби його, і він став ходити і підскакувати, прославляючи Бога. Коли люди побачили, що чоловік, який досі був кривим, ходить і прославляє Бога, вони сповнилися жахом та подивом.

Якщо людина бажає отримати зцілення, вона повинна мати віру в Ісуса Христа. Незважаючи на те, що каліка був лише жебраком, через те, що він вірив в Ісуса Христа, він міг отримати зцілення, коли ті, що отримали силу Бога, молилися за нього. Тому у Біблії сказано: *«І через віру в Ім'я Його вздоровило Ім'я Його того, кого бачите й знаєте. І віра, що від Нього, принесла йому вздоровлення це перед вами всіма»* (Книга Дії 3:16).

В Євангелії від Матвія 10:1 ми бачимо, що Ісус дав Своїм учням владу над нечистими духами, щоб їх виганяли вони, щоб уздоровляли всіляку недугу та неміч всіляку. У часі Старого Заповіту Бог давав владу уздоровляти недуги Своїм улюбленим пророкам, у тому числі Мойсею, Іллі та Єлисею; у часи Нового Заповіту Божа влада була у апостолів Петра і Павла, а також у вірних робітників Степана і Пилипа.

Відколи людина отримує владу від Бога, для неї вже немає нічого неможливого, тому що вона може вилікувати каліку, людей, які страждають від наслідків поліомієліту, даючи їм змогу ходити, відкриваючи очі сліпим, вуха – глухим, і розв'язуючи язика глухонімим.

Різні способи зцілення недугів

1. Сила Бога зцілила глухонімого

В Євангелії від Марка 7:31-37 описується історія, де влада Бога зцілила глухонімого. Коли люди привели до Ісуса чоловіка і благали, щоби Він поклав на Нього руку, Ісус відвів того чоловіка від народу і вклав пальці Свої йому у вуха, і, сплюнувши, доторкнувся його язика. І, на небо споглянувши, Він зітхнув і промовив до нього: *«Еффата»* цебто: *«Відкрийся!»* (вірш 34). І відкрилися вуха йому, і путо його язика розв'язалося негайно, – і він став говорити виразно.

Як міг Бог, Який створив всесвіт Своїм Словом, не зцілити чоловіка Своїм Словом? Для чого Ісус вклав пальці Свої у вуха чоловіка? Оскільки глуха людина не може чути звуки і спілкується за допомогою мови знаків, цей чоловік не міг отримати віру тим шляхом, яким її отримували інші люди, навіть якщо Ісус говорив з ним. Ісус знав, що чоловікові не вистачало віри. Тож Ісус вклав пальці у вуха чоловіка, щоби через дотик чоловік зміг отримати віру, від якої він міг зцілитися. Найважливішою складовою частиною є віра, завдяки якій людина вірить, що може одужати. Ісус міг зцілити чоловіка Своїм Словом, але через те що чоловік не міг чути, Ісус насадив віру і дозволив чоловікові отримати зцілення, застосувавши такий спосіб.

Тоді для чого Ісус сплюнув і доторкнувся до язика чоловіка? Той факт, що Ісус сплюнув, говорить про те, що злий дух змусив чоловіка стати німим. Якщо хтось плює вам в обличчя без особливої причини, як це можна сприйняти? Це розбещення і аморальна поведінка, яка показує повну зневагу до людини. Оскільки плювання взагалі символізує неповагу і приниження для людини, Ісус також плюнув, щоби вигнати злого духа.

У Книзі Буття ми читаємо про те, як Бог прокляв змія, щоби той їв порох земний всі дні свого життя. Інакше кажучи це – Боже прокляття для ворога, сатани і диявола, який спровокував змія, щоби обманути чоловіка, створеного з пороху земного. Тому оскільки від часів Адама ворог-диявол намагався обманути людину, шукаючи кожну можливість, щоби помучити та знищити чоловіка. Так само як мухи, комарі і личинки живуть у брудних місцях, ворог-диявол живе у тих нестриманих людях, серця яких сповнені гріха, і зла. Ми повинні розуміти, що тільки ті, хто живуть і діють за Словом Божим, можуть зцілитися від своїх хвороб.

2. Влада Бога уздоровила сліпого

В Євангелії від Марка 8:22-25 читаємо таку історію:

І приходять вони в Віфсаїду. І приводять до Нього сліпого, і благають Його, щоб доторкнувся до нього. І взяв Він сліпого за руку, та й вивів його за село. І послинивши очі йому, поклав руки на нього, і питався його, чи що бачить. І, зиркнувши, сказав той: Я бачу людей, які ходять, немов би дерева... Потім знов Він поклав Свої руки на очі йому, і прозрів той, і одужав, і виразно став бачити все!

Коли Ісус помолився за цього сліпого чоловіка, Він послинив очі йому. Чому сліпий став бачити не одразу після того, як Ісус помолився, а вдруге? Своєю владою Ісус міг уздоровити чоловіка повністю, але через те, що віра чоловіка була слабкою, Ісус помолився вдруге і допоміг йому отримати віру. Таким чином Ісус вчить нас, що коли деякі люди не можуть отримати зцілення після першої молитви, ми повинні молитися за таких людей два, три, навіть чотири рази, доки не буде посіяне зерно віри, завдяки якому вони повірять у своє зцілення.

Ісус, для якого не було нічого неможливого, молився не один раз, коли знав, що сліпий не може зцілитися від своєї віри. Що ми повинні робити? Благаючи і молячись ще більше, ми повинні терпіти доки не отримаємо зцілення.

В Євангелії від Івана 9:6-9 розповідається про чоловіка, сліпого від народження, який отримав зцілення після того як Ісус плюнув на землю, зробив грязиво із слини і очі сліпому помазав грязивом. Чому Ісус вилікував чоловіка, плюнувши на землю, зробивши грязиво із слини, а потім помазавши очі сліпому цим грязивом? Під слиною тут мається на увазі не щось нечисте. Ісус плюнув на землю, щоби зробити грязиво і помазати ним очі сліпому. Ісус зробив зробив грязиво із Своєї слини ще через те, що води було обмаль. Якщо у дитини з'являється нарив, набряк або укус комахи, батьки часто обробляють таке місце власною слиною. Ми повинні розуміти любов нашого Господа, який використовував різноманітні засоби, щоби допомогти слабким отримати віру.

Коли Ісус помазав очі сліпому грязивом, чоловік відчув це і отримав віру, від якої міг зцілитися. Після того як Ісус дів віру сліпому, віра якого була малою, Своєю владою Він відкрив очі тому чоловікові.

Ісус говорить нам: *«Як знамен тих та чуд не побачите, – не ввіруєте!»* (Євангеліє від Івана 4:48) У наш час неможливо допомогти людям отримати таку віру, щоби людина вірила лише Слову, записаному у Біблії, не бачачи чудес зцілення і дива. У вік неймовірних успіхів науки і людських знань надто важко отримати духовну віру, щоби повірити у невидимого Бога. Ми часто чуємо: «Як не побачу, не повірю». Подібно до цього, через те, що віра людей ростиме, і будуть відбуватися зцілення, коли люди побачать реальні докази живого Бога, «чудесні знаки і дива» безумовно необхідні.

3. Сила Бога уздоровила каліку

Коли Ісус проповідував Добру Новину і зціляв людей, що страждали від будь-яких хвороб і захворювань, Його учні також являли силу Бога.

Коли Петро наказав каліці-жебракові: *«У Ім'я Ісуса Христа Назарянина – устань та й ходи!»* (вірш 6) і взявши його за праву руку у той же час підвів його. І у ту ж мить зміцнилися ноги й суглоби його, і він став ходити і підскакувати (Книга Дії 3:6-10). Коли люди побачили чудесні знаки і дива, явлені Петром після отримання ним влади Бога, більше людей повірили в Господа. Вони навіть виводили хворих на вулиці і клали їх на ложа та ноші, щоби хоча б тінь Петра впала на когось із них, коли він проходитиме повз них. Безліч люду збиралась до Єрусалиму з довколишніх міст, і несли недужих та хворих від духів нечистих, – і були вони всі вздоровлювані! (Книга Дії 5:14-16).

У Книзі Дії 8:5-8 читаємо:

«Ось Пилип прийшов до самарійського міста, і проповідував їм про Христа. А люди вважали на те, що Пилип говорив. І згідно слухали й бачили чуда, які він чинив. Із багатьох бо, що мали їх, духи нечисті виходили з криком великим, і багато розслаблених та кривих уздоровилися. І радість велика в тім місті була» (Книга Дії 8:5-8).

У Книзі Дії 14:8-12 ми читаємо про чоловіка, який був безвладний на ноги, кривий з утроби матері своєї і ніколи ходити не міг. Після того, як він почув слова Павла і отримав віру, через яку він міг отримати спасіння, Павло промовив до нього: *«Устань просто на ноги свої!»* (вірш 10) У той же час чоловік скочив і почав ходити. А люди, побачивши, що Павло вчинив, почали стверджувати: *«Боги людям вподібнились, та до нас ось зійшли!»* (вірш 11)

У Книзі Дії 19:11-12 ми бачимо, що *«Бог чуда чинив надзвичайні руками Павловими, так що навіть хустки й пояси з його тіла приносили хворим, – і хвороби їх кидали, і духи лукаві виходили з них»*. Яка дивовижна і прекрасна сила Бога!

Через людей, чиї серця досягли освячення і абсолютної любові, якими були Петро, Павло, диякони Пилип і Степан, сила Бога проявляється навіть у наш час. Коли люди постають перед Богом з вірою, бажаючи одужати від своїх недуг, вони можуть отримати зцілення після молитви Божих служителів, через яких Він працює.

Від заснування церкви Манмін живий Бог дозволив мені явити різноманітні чудесні знамення і дива, вселяючи віру у серця членів церкви і призвівши велике відродження.

Одна жінка страждала від насилля від свого чоловіка-алкоголіка. Після випадку серйозного фізичного насилля її зорові нерви були паралізовані. Лікарі втратили надію на відновлення зору. Жінка прийшла у церкву Манмін, коли почула новину про неї. Вона старанно приймала участь у богослужіннях і щиро молилася про зцілення. Я помолився за неї, і вона знову почала бачити. Сила Бога повністю відновила зорові нерви, котрі колись здавалися загубленими назавжди.

Був іще випадок з чоловіком, який страждав від страшної хвороби: його спинний хребет був уражений у восьми місцях. Нижню частину його тіла паралізувало, і чоловікові погрожувала ампутація обох ніг. Після того, як чоловік прийняв Ісуса Христа, він зміг уникнути ампутації, але все-таки мав ходити за допомогою милиць. Згодом він почав відвідувати зібрання молитовного центру церкви Манмін, а трохи пізніше, під час всенічного богослужіння у п'ятницю після моєї молитви чоловік відкинув свої милиці, почав ходити самостійно і з того часу став звіщати Євангеліє.

Влада Бога може повністю зцілити недуги, які не здатна вилікувати медицина. В Євангелії від Івана 16:23 Ісус обіцяє нам: *«Ні про що ж того дня ви Мене не спитаєте.*

Поправді кажу вам: Чого тільки попросите ви від отця в Моє Ймення, – Він дасть вам». В ім'я Господа нашого Ісуса Христа я молюся про те, щоби ви вірили у дивовижну владу Бога, щиро шукали її, отримували відповіді на всі запитання, пов'язані з вашими хворобами, і ставали посланцями, які несуть Добру Новину про живого всемогутнього Бога!

Розділ 6

Способи зцілення біснуватих

Євангеліє від Марка 9:28-29

Коли ж Він до дому прийшов, то учні питали Його самотою: «Чому ми не могли його вигнати?» А Він їм сказав: «Цей рід не виходить інакше, як тільки від молитви та посту»

В останні дні любов охолоне

Прогрес розвитку сучасної науки і розвиток промисловості призвів до матеріального добробуту, що дозволило людям жити комфортніше. У той же час ці два фактори мали своїми наслідками відчуження, крайній егоїзм, зраду і комплекс неповноцінності серед людей, тоді як любов поступово згасає, і важко знайти розуміння і прощення.

В Євангелії від Матвія 24:12 написано: *«І через розріст беззаконства любов багатьох охолоне»*. У час, коли процвітає злісність і холоне любов, однією із найсерйозніших проблем нашого суспільства стає зростаюча кількість людей, які страждають від таких психічних розладів як нервове знесилення та шизофренія.

Психіатричні клініки приймають у свої стіни велику кількість пацієнтів, які не можуть жити нормальним життям. Але належне лікування досі не знайдено. Якщо через декілька років лікування ніякого прогресу не видно, рідні такого пацієнта втрачають терпіння і у більшості випадків залишають або відмовляються від таких хворих, роблячи їх сиротами. Ці пацієнти, які живуть вдалині від родини, не можуть жити як нормальні люди. Також вони потребують проявів щирої любові від своїх близьких. Але небагато людей проявляють свою любов до них.

В Біблії ми знаходимо багато прикладів, коли Ісус

зціляв біснуватих. Для чого ці історії записані у Біблії? Оскільки наближається кінець віку, любов холоне, і сатана катує людей, змушуючи їх страждати від психічних розладів, а також всиновлює їх як дітей диявола. Сатана катує, знесилює, спантеличує і заражає гріхом і злом розум людей. Через те, що суспільство наскрізь пронизане гріхом і злом, люди швидко розлючуються, сваряться, ненавидять і вбивають один одного. Оскільки останні дні наближаються, християни повинні вміти розрізняти правду від неправди, охороняти свою віру, жити здоровим фізичним і психічним життям.

Давайте роздивимося причину, не враховуючи підбурювання і катування сатани, а також зростаючу кількість людей, одержимих сатаною і демонами, які страждають психічними розладами у сучасному суспільстві, де розвиток науки стрімко просунувся вперед.

Як людина стає одержимою сатаною

Всі люди мають совість, і більшість людей поводять себе і живуть відповідно до своєї совісті, але стандарти совісті і подальші результати її прояву у кожної людини різні. Це тому що кожна людина народилася і зростала у різному оточенні та умовах, бачила, чула і вивчила щось від своїх батьків, родини, школи, у неї відбилася різна інформація.

З одного боку Слово Боже, істина, говорить нам: *«Не будь переможений злом, але перемагай зло добром!»* (Послання до римлян 12:21), і спонукає нас: *«А Я вам кажу не противитись злому. І коли вдарить тебе хто у праву щоку твою, – підстав йому й другу»* (Євангеліє від Матвія 5:39). Оскільки Слово вчить любити і прощати, у людей, які вірять у нього, виробляється стандартне вирішення проблеми: «Перемагає той, хто програє». З іншого боку, якщо людина навчена, що має помститися, якщо її вдарили, вона досягне думки, що протидія – це сміливий крок, а ухиляння від проблеми без протидії – це боягузтво. В різних людях формуватиметься різна совість за допомогою трьох факторів – особистими стандартами вирішення проблеми, не зважаючи на праведність або неправедність людини, а також як довго вона йшла на компроміс з цим світом.

Для людей, котрі жили по-різному, чия совість відрізняється одна від одної, ворог Бога, сатана, використовує це для того, щоби спокусити людей жити відповідно своєї гріховної природи, що протилежить праведності і благочестю, збуджуючи гріховні думки і провокуючи їх чинити гріх.

В душах людей існує конфлікт між бажанням Святого Духа, жити за Божим законом, і бажанням гріховної природи, за якою люди змушені задовольняти бажання плоті. Тому Бог спонукає нас у Посланні до галатів 5:16-17:

«І кажу: ходіть за духом, і не вчините пожадливости тіла, бо тіло бажає противного духові, а дух противного тілу, і супротивні вони один одному, щоб ви чинили не те, чого хочете».

Якби ми жили за бажаннями Святого Духа, ми би дістали у спадщину Царство Боже; якщо ми живемо за бажаннями гріховної природи, але не за Словом Божим, ми не дістанемо у спадщину Його Царство. Тому Бог застерігав нас. Про це записано у Посланні до галатів 5:19-21:

Учинки тіла явні, то є: перелюб, нечистість, розпуста, ідолослуження, чари, ворожнечі, сварка, заздрість, гнів, суперечки, незгоди, єресі, завидки, п'янство, гулянки й подібне до цього. Я про це попереджую вас, як і попереджав був, що хто чинить таке, не вспадкують вони Царства Божого!

Тож яким чином люди стають одержимими демонами?

Через думки сатана змішує бажання гріховної природи у людині, чиє серце сповнене гріха. Якщо людина не може контролювати свій розум і чинить гріх, в неї вкорінюється почуття вини, і в серці людини зростає більший гріх. Коли такі гріховні вчинки накопичуються, зрештою людина вже не може контролювати себе, але робить все, на що її підбурює сатана. Вважається, що така людина «одержима» дияволом.

Наприклад, припустимо, що живе лінивий чоловік, який не любить працювати, але навпаки любить випити і згаяти час. Сатана буде підбурювати, контролювати його розум, так що він призвичаїться до випивки і марнування часу, думаючи, що робота для нього дуже обтяжлива. Сатана також відверне його від благочестя, істини, забере в нього енергію для облаштування власного життя і перетворить його на нездатну та непотрібну особу.

Оскільки чоловік живе і поводить себе відповідно до думок сатани, він не може нікуди від нього подітися. Крім того, чим злішим стає його серце, оскільки він вже поринув у гріховні думки замість того, щоби контролювати себе, він буде робити все, що йому подобається. Якщо він хоче розгніватися, він розгнівається заради власного задоволення. Якщо він бажає битися або сперечатися, він буде битися і сперечатися скільки йому завгодно. Якщо він хоче перехилити чарку, він не зможе перешкодити собі. Коли таке відбувається, у якусь мить людина перестає контролювати свої думки і серце, вважаючи, що все навкруг налаштоване проти неї. Після цього людина стає одержимою демонами.

Причина одержимості

Існують дві основних причини, за яких людину починає підбурювати сатана, а пізніше вона стає одержимою демонами.

1. Батьки

Якщо батьки залишили Бога, поклонялися ідолам, яких ненавидить Бог і визнає огидними, або якщо вони зробили щось надто лихе, тоді сили злих духів проникнуть в їхніх дітей і якщо вони залишаться неприборканими, діти стануть одержимими демонами. У такому випадку батьки повинні прийти до Бога, повністю розкаятися у своїх гріхах, відвернутися від лихих шляхів і благати Бога за своїх дітей. Тоді Бог побачить саме серце батьків і явить свою роботу через зцілення, таким чином ослабивши ланцюги несправедливості.

2. Сама людина

Незалежно від гріхів батьків людина може бути одержима демонами через власну невірність: зло, гордість, та інше. Оскільки людина не може молитися і покаятися самостійно, коли за неї молиться слуга Божий, який являє Його владу, ланцюги несправедливості можуть ослабитися. Коли демони виходять і людина приходить до тями, її можна навчити Слову Божому, щоби її серце, колись просякнуте гріхом і злом, відбілилося і стало серцем, сповненим істини.

Тому якщо один із членів сім'ї або родини одержимий демонами, родина повинна призначити людину, яка молитиметься від імені цієї особи. Це тому що серце і розум людини, яка одержима демонами, контролюється ними, і вона не може робити щось за власною волею. Вона не може молитися, слухати Слово істини, а отже жити в істині. Тому вся родина, або просто одна особа від родини повинна молитися за неї в любові і співчутті, щоби одержимий демонами член родини зміг жити у вірі. Коли Бог побачить відданість і любов у сім'ї, Він явить роботу зцілення. Ісус сказав нам, щоби ми любили свого ближнього як самого себе (Євангеліє від Луки 10:27). Якщо ми не можемо молитися, присвятити себе члену власної родини, одержимому демонами, чи можна сказати, що ми любимо свого ближнього?

Коли родина і друзі одержимого демонами встановлюють причину нещастя, каються, моляться, віруючи у владу Бога, присвячують себе любові і насаджують зерно віри, диявольські сили відходять, і їхня рідна людина перетворюється на ту, що любить істину, яку Бог захистить від демонів.

Способи лікування людей, одержимих демонами

В багатьох місцях Біблії записані історії зцілення біснуватих. Давайте роздивимося, як вони отримали зцілення.

1. Ви повинні розбити озброєний загін демонів.

В Євангелії від Марка 5:1-20 ми читаємо історію про чоловіка, що мав духа нечистого. У віршах 3-4 подається розповідь: *«Він мешкання мав у гробах, і ніхто й ланцюгами зв'язати не міг його, бо часто кайданами та ланцюгами в'язали його, але він розривав ланцюги та кайдани трощив, і ніхто не міг угамувати його».* Також із Євангелія від Марка 5:5-7 дізнаємося: *«І він повсякчас перебував день і ніч у гробах та в горах, і кричав, і бився об каміння... А коли він Ісуса побачив здалека, то прибіг, і вклонився Йому, і закричав гучним голосом, кажучи: Що до мене Тобі, Ісусе, Сину Бога Всевишнього? Богом Тебе заклинаю, не муч Ти мене!»*

Це чоловік сказав у відповідь на слова Ісуса: *«Вийди, душе нечистий із людини!»* (вірш 8) Із цієї історії ми дізнаємося про те, що хоча люди не знали, що Ісус – Син Божий, нечистий дух напевне знав, хто такий Ісус, і яку владу Він мав.

Тоді Ісус спитав: *«Як тобі на ім'я?»* А біснуватий

відповів: *«Леґіон мені ймення – багато бо нас»* (вірш 9). Демони також декілька разів благали Ісуса, щоби Він не висилав їх із тієї землі, але щоби послав у свиней. Ісус спитав ім'я не тому що не знав. Він зробив це як суддя, який допитує нечистий дух. Крім того «Леґіон» означає велику кількість демонів, які тримали того чоловіка у заручниках.

Ісус дозволив «Леґіону» увійти у гурт свиней, який кинувся з кручі до моря, і вони потопилися в морі. Коли ми виганяємо демонів, ми повинні робити це за допомогою Слова істини, символічно зображеного водою. Коли люди побачили того чоловіка, котрого не могла стримати жодна людина, абсолютно здорового, який сидів одягнений, при умі, вони злякалися.

Яким чином ми повинні виганяти демонів у наш час? Їх треба виганяти іменем Ісуса Христа у воду, що є символом Слова, або у вогонь, що є символом Святого Духа, щоби вони втратили свою силу. Однак оскільки демони – духовні істоти, їх потрібно виганяти через молитву людини, що має владу виганяти демонів. Коли людина без віри намагається вигнати демонів, вони у відповідь будуть принижувати її та насміхатися над нею. Тому для того, щоби зцілити людину, одержиму демонами, Божа людина, яка має владу виганяти їх, повинна за неї помолитися.

Однак інколи демони не виходять навіть якщо їх виганяє Божа людина іменем Ісуса Христа. Це тому що людина, одержима демонами, зневажала Духа Святого або говорила проти Нього (Євангеліє від Матвія 12:31; Євангеліє від Луки 12:10). Деяких біснуватих зцілити неможливо, коли вони навмисно продовжують грішити, дізнавшись про істину (Послання до євреїв 10:26).

Крім того, у Посланні до євреїв 6:4-6 написано: «*Не можна бо тих, що раз просвітились були, і скуштували небесного дару, і стали причасниками Духа Святого, і скуштували доброго Божого Слова та сили майбутнього віку, та й відпали, знов відновляти покаянням, коли вдруге вони розпинають у собі Сина Божого та зневажають*».

Тепер, знаючи про це, ми повинні оберігати себе, щоби ніколи не чинити гріхи, за які неможливо отримати прощення. Ми повинні також в істині розрізняти, чи може біснувата людина отримати зцілення від молитви.

2. Озбройтеся істиною

Після вигнання демонів люди повинні наповнити свої серця любов'ю та істиною, старанно читати Боже Слово, прославляти Бога і молитися. Навіть коли демони пішли, якщо люди продовжують чинити гріх, не озброюючи себе істиною, вигнані демони повернуться, але у цей час разом із ще лютішими демонами. Пам'ятайте, що становище людей буде ще гіршим, ніж тоді, коли демони вперше увійшли у неї.

В Євангелії від Матвія 12:43-45 Ісус говорить:

А коли дух нечистий виходить із людини, то блукає місцями безвідними, відпочинку шукаючи, та не знаходить. Тоді він говорить: Вернуся до дому свого, звідки вийшов. А як вернеться він, то хату знаходить порожню, заметену й прибрану. Тоді він іде, та й приводить сімох духів інших, лютіших за себе, і входять вони та й живуть тут. І буде останнє людині тій гірше за перше... Так буде й лукавому родові цьому!

Демонів треба виганяти обережно. Крім того, після того, як вони залишать людину, друзі та рідні біснуватого повинні розуміти, що тепер ця людина потребує більшої турботи і любові, ніж раніше. Вони повинні піклуватися про нього віддано і жертовно, озброюючи його істиною до повного одужання.

Тому, хто вірує, все можливе

В Євангелії від Марка 9:17-27 розповідається про зцілення сина одного чоловіка. Він мав духа німого, також страждав на епілепсію після того, як побачив віру свого батька. Давайте роздивимося, як син отримав зцілення.

1. Рідні повинні являти свою віру

Син в Євангелії від Марка 9 був німий і глухий з дитинства тому що був біснуватим. Він не розумів жодного слова і зовсім не міг спілкуватися. Крім того, було важко визначити, коли проявляться симптоми епілепсії і відбудеться напад. Тому його батько жив під постійним страхом фізичних страждань, втративши будь-яку надію.

Аж ось батько почув про чоловіка із Галілеї, котрий творить чуда, воскрешаючи мертвих, лікуючи різноманітні хвороби. Промінь надії осяяв батька, який досі перебував у розпачі. Якщо це правда, вірив батько, тоді цей чоловік із Галілеї зможе вилікувати його сина. У пошуках удачі батько привів свого сина до Ісуса і промовив: *«Але коли можеш що Ти, то змилуйсь над нами, і нам поможи!»* (Євангеліє від Марка 9:22).

Почувши щире прохання батька, Ісус промовив: *«Щодо того твого «коли можеш», – то тому, хто вірує, все можливе!»* (вірш 23) і докорив батькові за його малу віру. Батько почув новину, але у душі не повірив. Якби батько знав, що Ісус, Син Божий, був всемогутній, Сам був істиною, він би не сказав: «Коли можеш». Щоби навчити нас, що без віри догодити Богові неможливо, що неможливо отримати відповіді без щирої віри, Ісус сказав: «Коли можеш», коли докоряв батькові за його «малу віру».

Взагалі віру можна поділити на два види. «Вірою плоті»

або «вірою знань» людина може вірити у те, що бачить. Віра, коли людина вірить, не бачачи, називається «духовною вірою», «істинною вірою», «живою вірою», або «вірою, підкріпленою ділами». Така віра може створити щось із нічого. Ось як у Біблії подається визначення «віри»: *«Віра – то підстава сподіваного, доказ небаченого»* (Послання до євреїв 11:1).

Коли люди страждають від хвороб, які може вилікувати людина, вони можуть бути зцілені. Хвороби ніби обпалюються вогнем Святого Духа, коли люди являють свою віру і сповнюються Святим Духом. Якщо людина, якщо нещодавно повірила, захворює, вона може одужати, якщо відкриє своє серце, слухатиме Слово і являтиме свою віру. Якщо дорослий християнин, який має віру, захворює, він може одужати, якщо полишить свої гріхи після покаяння.

Якщо людина страждає від хвороби, яку неможливо вилікувати за допомогою медицини, вона має проявити набагато більшу віру. Якщо дорослий християнин, який має віру, захворює, він може одужати, якщо відкриє своє серце, покається і щиро помолиться. Якщо захворіє людина з малою вірою, або невіруюча, вона не одужає доки не отримає віри, і вже у залежності від росту своєї віри, являтиметься робота зцілення.

Люди з фізичними вадами, чиї тіла скалічені, хто має спадкові хвороби, можуть одужати через Боже диво. Тому вони повинні явити Богові свою відданість, віру, любити і догоджати Богові. Тільки тоді Бог визнає їхню віру і уздоровить їх. Коли люди являють Богові свою палку любов, так само як Вартимей щиро звернувся до Ісуса (Євангеліє від Марка 10:46-52), як сотник явив Ісусові свою велику віру (Євангеліє від Матвія 8:5-13), так само як розслаблений і четверо його друзів явили віру і відданість (Євангеліє від Марка 2:3-12) – Бог уздоровить усіх.

Більш того, оскільки біснуваті не можуть одужати без роботи Бога, не можуть явити свою віру, для того, щоби зцілення зійшло з небес, інші члени родини повинні вірити у всемогутнього Бога і просити Його.

2. Люди повинні вірити

Батько хлопця, котрий довгий час був біснуватим, сперешу отримав догану від Бога за свою малу віру. Коли Ісус промовив з упевненістю: *«Тому, хто вірує, все можливе!»* (Євангеліє від Марка 9:23) Тоді батько сповідав своїми вустами, промовивши: *«Вірую»*. Але його вірі не вистачало знання. Тому батько благав Ісуса: *«поможи недовірству моєму!»* (Євангеліє від Марка 9:24). Почувши благання батька, про чиє щире серце, палку молитву і віру знав Ісус, Він дав батькові віру.

Так само, звертаючись до Бога, ми можемо отримати таку віру, за допомогою якої ми зможемо отримувати відповіді, які здатні вирішити наші проблеми. І «неможливе» стане

«МОЖЛИВИМ».

Як тільки батько прийшов, щоби отримати віру, Ісус наказав: *«Душе німий і глухий, тобі Я наказую: вийди з нього, і більше у нього не входь!»* І відразу, закричавши та міцно затрясши, той вийшов (Євангеліє від Марка 9:25-27). Коли батько благав дати йому віри і бажав втручання Божого, навіть після того, як Ісус докорив йому, Він явив дивовижну роботу зцілення.

Ісус відповів і повністю вилікував сина, одержимого духом німим, який страждав на епілепсію, часто падав, і з рота йшла піна, скреготав зубами і ставав нерухомим. Тож невже тим, хто вірить у владу Бога, якою все можливо, хто живе за Його Словом, Він не дозволить, щоби все було добре, невже не дасть їм здоров'я у житті?

Скоро після заснування церкви Манмін, один юнак із провінції Ган-вон прийшов до церкви, як тільки дізнався про неї. Юнак вважав, що вірно служить Богу як учитель недільної школи для дітей та учасник хору. Однак через свою надмірну гордість, а також через те, що він не позбувся зла у своєму серці, але навпаки скупчував гріх, юнак страждав від того, що у його грішну душу увійшов демон і оселився там. Робота зцілення проявилася у щирій молитві і відданості його батька. Після визначення особи демона і після вигнання його за допомогою молитви у юнака на губах з'явилася піна, він впав на спину, і від нього почало неймовірно смердіти. Після того випадку життя юнака оновилося, бо він озброївся істиною у Манміні. Сьогодні він вірно служить у своїй церкві, що у провінції Ган-вон, свідчачи людям про милість свого зцілення.

В ім'я Господа нашого Ісуса Христа я молюся про те, щоби ви розуміли, що можливості Бога безмежні, для Нього немає нічого неможливого. Тож коли ви просите чогось у молитві, ви станете не тільки благословенною дитиною Божою, але також Його любовно вихованим святим, в якого завжди все добре!

Розділ 7

Віра і покора
прокаженого Наамана

2 Книга царів 5:9-10; 14

І прибув Нааман зо своїми кіньми та з колесницею своєю, і став при вході Єлисеєвого дому. І послав Єлисей до нього посла, говорячи: Іди, і вимиєшся сім раз у Йордані, і вигоїться тіло твоє тобі, й очистишся. І зійшов він, і занурився в Йордані сім раз, за словом Божого чоловіка. І сталося тіло його, як тіло малого хлопця, і став він чистий!

Начальник війська – прокажений Нааман

За весь період свого життя ми стикаємося з великими та малими проблемами. Інколи ми зустрічаємося з проблемами, які людина вирішити не може.

У Сирії, що на північ від Ізраїлю, був начальник війська на ім'я Нааман. Він привів до перемоги сирійську армію у найкритичнішу хвилину для країни. Нааман любив свою країну і вірно служив своєму цареві. Хоча цар високо цінив Наамана, начальник війська страждав фізично. Він мав таємницю, про яку ніхто не знав.

Що спричиняло його страждання? Нааман страждав не від недостачі багатства або слави. Нааман відчував біль, був нещасним у житті через проказу – невиліковну хворобу, проти якої медицина того часу була безсила.

У часи життя Наамана люди, які страждали від прокази, вважалися нечистими. Вони були змушені жити в ізоляції за межами міста. Страждання Наамана було ще нестерпнішим, тому що на додачу до болі хворобу супроводжували інші проблеми, пов'язані з цією хворобою. Ознаками прокази були плями на тілі, особливо на обличчі, зовнішній поверхні рук і ніг, підйомах ніг, а також виродження відчуттів. У важких випадках брови, нігті рук і ніг відпадали, і загальний вигляд людини ставав жахливим.

Тож одного дня Нааман, який мав невиліковну хворобу і не міг знайти радість у житті, почув добру новину. Дівчинканевільниця, яку взяли у полон з Ізраїлевого краю, і яка услуговувала жінці Наамана, розповіла, що в Самарії був пророк, котрий міг вилікувати Наамана від прокази. Нааман бажав випробувати все, щоби одужати, тож розповів своєму цареві про хворобу і про новину, яку він дізнався від дівчинки-служниці. Почувши про те, що вірний начальник війська може одужати від прокази, якщо піде до пророка у Самарію, цар із радістю допоміг Нааману. Він навіть написав листа царю Ізраїля, у якому просив за Наамана.

Нааман пішов в Ізраїль, взявши з собою десять талантів срібла, шість тисяч шерлів золота і десять змін одежі. Він також взяв із собою царського листа: *«Ось тепер, як прийде оцей лист до тебе, то знай: ото послав я до тебе свого раба Наамана, а ти вилікуєш його від прокази його»* (вірш 6). У той час Сирія була могутнішою країною, ніж Ізраїль. Прочитавши листа від сирійського царя, Ізраїльський цар роздер шати свої і промовив: *«Чи я Бог, щоб убивати чи лишати при житті, що той посилає до мене, щоб я вилікував чоловіка від прокази його? Тож знайте й дивіться – це він шукає проти мене зачіпки»* (вірш 7).

Коли пророк Ізраїлю почув цю новину, він звернувся до царя зі словами: *«Нащо роздер ти шати свої? Нехай той прийде до мене, і пізнає що є пророк ув Ізраїлі»* (вірш 8). Коли цар Ізраїлю послав Наамана до Єлисеєвого дому, пророк не зустрів його особисто, але послав до нього посла, говорячи: *«Іди, і вимиєшся сім раз у Йордані, і вигоїться тіло твоє тобі, – й очистишся»* (вірш 10).

Напевно Нааман зніяковів, коли прибувши зі своїми кіньми та колесницею своєю до дому Єлисея, він не побачив його і не зустрів. Начальник війська розгнівався. Він думав, якщо командир армії країни, сильнішої за Ізраїль, робить візит, пророк повинен сердечно привітати гостя і покласти на нього свої руки. Замість цього пророк прийняв Наамана дуже холодно. Йому було сказано омитися у невеликій брудній річці Йордан.

Розлючений Нааман міркував про повернення додому. Він промовив:

> *«Ось я подумав був: він вийде до мене, і стане, і закличе Ім'я Господа, Бога свого, і покладе свою руку на те місце, і вилікує прокаженого... Чи ж не ліпші Авана та Парпар, дамаські річки, від усіх Ізраїлевих вод? Чи не міг я вимитися в них, і стати чистим?»* (вірші 11-12)

Коли Нааман збирався вже їхати додому, раби просили його: *«І підійшли його раби, і говорили до нього, і сказали: Батьку мій, коли б велику річ говорив тобі той пророк, чи ж ти не зробив би? А що ж, коли він сказав тобі тільки: Умийся і будеш чистий!»* (вірш 13) Вони намагалися переконати свого пана, щоби той послухався вказівок Єлисея.

Що сталося, коли Нааман занурився в Йордані сім раз, за словом Божого чоловіка Єлисея? Тіло його стало чистим як тіло малого хлопця. Проказа, яка мучила Наамана, повністю зникла. Коли хвороба, яку не могла вилікувати жодна людина, зникла після того, як Нааман послухався Божого чоловіка, начальник війська визнав живого Бога і Єлисея, Божого чоловіка.

Після того як Нааман відчув на собі дію сили живого Бога – Лікаря прокази – він повернувся до Єлисея і сповідав свою віру: *«І вернувся до Божого чоловіка він та ввесь табір його. І прийшов він, і став перед ним та й сказав: Оце пізнав я, що на всій землі нема Бога, а тільки в Ізраїлі! А тепер візьми дарунка від свого раба. Та Єлисей відказав: Як живий Господь, що стою перед лицем Його, я не візьму! А той сильно просив його взяти, та він відмовився. І сказав Нааман: А як ні, то нехай буде дано твоєму рабові землі, скільки понесуть два мули, бо твій раб не буде вже приносити цілопалення та жертву іншим богам, а тільки Господеві!»* (2 Книга царів 5:15-17), і прославив Бога.

Віра і діла Наамана

Тепер давайте роздивимося віру і діла Наамана, котрий зустрів Бога-Лікаря і одужав від невиліковної хвороби.

1. Добра совість Наамана

Деякі люди легко приймають і вірять словам інших, а інші схильні безумовно сумніватися і не довіряти людям. Через те що Нааман мав добру совість, він не зневажав слова інших людей, і привітно приймав їх. Він міг піти в Ізраїль, послухатися вказівок Єлисея і отримати зцілення, бо він не зневажив слова малої дівчинки-служниці, звернув на них увагу, повірив у них. Коли ця служниця, яку взяли до неволі з Ізраїлевого краю, сказала жінці Наамана: *«Ох, коли б пан мій побував у того пророка, що в Самарії, то він вилікував би його від прокази його!»* (вірш 5), Нааман повірив їй. Уявіть себе на місці Наамана. Що би ви зробили? Чи прийняли б ви повністю її слова?

Незважаючи на розвиток сучасної медицини у наш час, існує багато хвороб, проти яких медицина безсила. Якби ви сказали іншим, що були зцілені Богом від невиліковної хвороби, або що ви одужали після молитви, скільки людей, на вашу думку, повірили би вам? Нааман повірив словам малої дівчинки, пішов до царя за дозволом вирушити в Ізраїль, щоби отримати зцілення віл прокази. Інакше кажучи через те, що Нааман мав добру совість, він міг прийняти слова малої дівчинки, коли вона євангелізувала його, і діяв відповідно до цих слів. Ми також повинні розуміти, що коли нам проповідували Євангеліє, ми можемо отримати відповіді на свої проблеми тільки коли повіримо у те, що нам розповіли, коли постанемо перед Богом, як зробив це Нааман.

2. Нааман відкинув власні думки

Коли Нааман вирушив до Ізраїля за сприяння свого царя і прийшов до дому Єлисея, пророка, який міг зціляти від прокази, його чекав холодний прийом. Звичайно, він розгнівався на Єлисея, який в очах невіруючого Наамана не мав ні слави, ані соціального становища, що той не привітав особисто вірного слугу сирійського царя і сказав Нааману через посла, щоби той вимився сім разів у Йордані. Нааман розлютився, бо його послав сюди сам сирійський цар. Крім того, Єлисей навіть не поклав своєї руки на пляму, але сказав, щоби Нааман, що він може очиститися, коли омиється у невеликій брудній річці Йордан.

Нааман розгнівався на Єлисея і на його поведінку, яку він власним розумом зрозуміти не міг. Він приготувався вертатися додому, думаючи, що існує багато інших великих і чистих річок у країні, де би він міг омитися. У той час раби Наамана переконали свого пана, щоби той підкорився вказівкам Єлисея і занурився у Йордані.

Через те що Нааман мав добру совість, він не погодився зі своїм розумом, але вирішив послухатися Єлисея і попрямував до Йордану. Скільки людей із тих, хто має такий самий соціальний статус, який мав Нааман, змогли би покаятися і скоритися, переконавшись словами своїх рабів або інших людей, нижчих за положенням?

Як написано у Книзі пророка Ісаї 55:8-9: *«Бо ваші думки не Мої це думки, а дороги Мої то не ваші дороги, говорить Господь. Бо наскільки небо вище за землю, настільки вищі дороги Мої за ваші дороги, а думки Мої за ваші думки»*, коли ми тримаємося людських думок і припущень, ми не можемо коритися Слову Божому. Давайте згадаємо, яким був кінець життя царя Саула, котрий не послухався Бога. Якщо ми прислухаємося до ідей людських і не коримося волі Божій, ми проявляємо непокору, і якщо ми не визнаємо свою непокору, ми повинні пам'ятати, що Бог відмовиться і не визнає нас, так само як не визнав царя Саула.

У 1 Книзі Самуїловій 15:22-23 написано: *«І сказав Самуїл: Чи жадання Господа цілопалень та жертов таке, як послух Господньому голосу? Таж послух ліпший від жертви, покірливість краща від баранячого лою! Бо непокірливість як гріх ворожбитства, а свавольство як провина та служба бовванам. Через те, що ти відкинув Господні слова, то Він відкинув тебе, щоб не був ти царем»*. Нааман подумав двічі і вирішив відкинути власні думки, і послухатися вказівок Єлисея, чоловіка Божого.

Крім того, ми повинні пам'ятати, що тільки коли ми перестанемо слухатися свого непокірного серця і перетворимо свої душі на душі покори згідно волі Божій, тільки тоді ми зможемо досягнути бажань свого серця.

3. Нааман послухався слова пророка

Виконуючи вказівки Єлисея, Нааман спустився до ріки Йордан і омився. Існувало багато інших річок, ширших і чистіших за Йордан, але вказівка Єлисея – піти саме до Йордану – мала духовне значення. Річка Йордан символізує спасіння, а вода означає Слово Боже, яке очищає людський гріх і дає можливість досягти спасіння (Євангеліє від Івана 4:14). Тому Єлисей хотів, щоби Нааман вимився у Йордані, який веде його до спасіння. Незалежно від того, наскільки більшими і чистішими можуть бути інші річки, вони не ведуть людину до спасіння, не мають нічого спільного з Богом, а отже у тих водах не може проявитися Божа робота.

Як Ісус говорить в Євангелії від Івана 3:5: *«Поправді, поправді кажу Я тобі: Коли хто не родиться з води й Духа, той не може ввійти в Царство Боже»*, після того, як Нааман вимився у Йордані, йому відкрився шлях для отримання прощення від гріхів, шлях спасіння, та зустріч з живим Богом.

Тоді для чого Нааману було сказано вмитися сім разів? Число «7» – повне число, яке символізує досконалість. Наказуючи Нааманові вмитися сім разів, Єлисей тим самим говорив начальникові війська, щоби той отримав прощення за свої гріхи і повністю перебував у Божому Слові. Тільки тоді Бог, для Якого немає нічого неможливого, явить роботу зцілення і вилікує невиліковну хворобу.

Отже ми дізналися про те, що Нааман отримав зцілення від прокази, проти якої була безсила медицина та воля людини, тому що він покорився слову пророка. Про це Священна Книга прямо говорить нам:

«Бо Боже Слово живе та діяльне, гостріше від усякого меча обосічного, проходить воно аж до поділу душі й духа, суглобів та мозків, і спосібне судити думки та наміри серця. І немає створіння, щоб сховалось перед Ним, але все наге та відкрите перед очима Його, Йому дамо звіт!» (Послання до євреїв 4:12-13)

Нааман постав перед Богом, для Якого немає нічого неможливого, відкинув власні думки, покаявся і скорився Його волі. Нааман сім разів вимився у Йордані, і Бог, побачивши його віру, вилікував його від прокази, тіло Наамана оновилося, стало чистим, як у малого хлопця.

Показуючи нам зразок доказу, що свідчить про те, що вилікувати проказу було можливим лише силою Бога, Він говорить нам, що будь-які невиліковні хвороби можуть бути вилікувані, якщо ми догоджаємо Богу своєю вірою, що підкріплюється ділами.

Нааман славить Бога

Після одужання від прокази Нааман прийшов до Єлисея і промовив: *«Оце пізнав я, що на всій землі нема Бога, а тільки в Ізраїлі! ... твій раб не буде вже приносити цілопалення та жертву іншим богам, а тільки Господеві!»* (2 Книга царів 5:15-17) І Нааман прославив Бога.

В Євангелії від Луки 17:11-19 описується історія, коли десять мужів зустріли Ісуса і уздоровилися від прокази. Однак тільки один із них повернувся до Ісуса і почав гучним голосом славити Бога. І припав він обличчям до ніг Його, складаючи дяку Йому. У віршах 17-18 Ісус запитав того мужа: *«Чи не десять очистилось, а дев'ять же де? Чому не вернулись вони хвалу Богові віддати, крім цього чужинця?»* У наступному вірші Він промовив, звернувшись до чоловіка: *«Підведися й іди: твоя віра спасла тебе!»* Якщо ми отримаємо зцілення силою Бога, ми не лише повинні прославити Бога, прийняти Ісуса Христа і досягти спасіння, але й житии за Словом Божиим.

Нааман мав таку віру і такі діла, завдяки яким він міг вилікуватись від прокази, невиліковної хвороби того часу. Маючи добру совість, він повірив словам дівчинки-служниці, яку взяли до неволі. Він мав віру, яка була дорогоцінним даром, з яким він прийшов до пророка. Нааман явив покору, незважаючи на те що вказівка пророка

Єлисея не співпадала з його думками.

Нааман, язичник, колись страждав від невиліковної хвороби, але через цю хворобу він зустрів живого Бога і відчув на собі роботу зцілення. Будь-яка людина, яка приходить до всемогутнього і являє свою віру і діла, вирішує всі свої проблеми, незважаючи на їх складність, та отримує відповіді на всі запитання.

В ім'я Господа нашого Ісуса Христа я молюся про те, щоби ви мали дорогоцінну віру, підкріпляли її ділами, вирішували всі свої проблеми у житті, отримували відповіді на запитання і ставали благословенними святими, які прославляють Бога.

Автор:
Доктор Джерок Лі

Доктор Джерок Лі народився у 1943 році у Муані, провінція Джеоннам, Республіка Корея. До тридцяти років на протязі семи років доктор Лі страждав від невиліковних хвороб і мав померти, не маючи надії на одужання. Одного дня навесні 1974 року його сестра привела його до церкви. І коли він став на коліна і помолився Богові, Бог зцілив його від усіх хвороб.

З того моменту, коли доктор Лі пізнав живого Бога через такий чудовий випадок, він щиро полюбив Бога усім серцем. А у 1978 році Бог покликав його на служіння. Джерок Лі палко молився про те, щоби ясно зрозуміти волю Бога та повністю виконати її. У 1982 році він заснував Центральну Церков Манмін у Сеулі, Південна Корея, а також почав виконувати численні Божі справи. У церкві почали відбуватися чудесні зцілення і дива.

У 1986 році доктор Лі отримав духовний сан пастора Щорічної асамблеї християнської церкви Сункюл, Корея. А через чотири роки, у 1990 році, його проповіді почали транслюватися в Австралії, Росії і на Філіпінах. Через деякий час ще більше країн отримали змогу чути радіопрограми завдяки роботі Радіотрансляційної кампанії Далекого Сходу, Широкомовної станції Азії та Християнського радіо мережі Вашингтон.

Через три роки, у 1993, журнал «*Християнський Світ*» (США) оголосив Центральну Церкву Манмін однією з «50 найбільших церков світу». Доктор Лі отримав почесний ступінь доктора богослов'я у Коледжі Християнської віри, Флоріда, США. А у 1996 році – ступінь доктора духівництва у Теологічній семінарії Кінгсвей, Айова, США.

З 1993 року доктор Лі керує всесвітньою місією, проводить багато кампаній у Танзанії, Аргентині, Латинській Америці, Місті Балтимор, на Гаваях, у місті Нью-Йорк (США), в Уганді, Японії, Пакистані, Кенії, на Філіппінах, у Гондурасі, Індії, Росії, Німеччині, Перу, Демократичній Республіці Конго, Ізраїлі та Естонії.

У 2002 найбільша християнська газета Кореї назвала Джерок Лі «Всесвітнім пастором» за його роботу у багатьох великий об'єднаних кампаніях, що проводилися за кордоном. Особливо його «Кампанія

Нью-Йорк 2006», яка проводилася у Медісон Сквер Гарден, найвідомішій у світі арені, транслювалася для 220 країн світу. Під час «Ізраїльської об'єднаної кампанії 2009», яка проводилася у Міжнародному Центрі Конвенцій в Ізраїлі, доктор Лі сміливо проголосив Ісуса Христа Месією і Спасителем.

Його проповіді транслюються у 176 країнах світу через супутники, у тому числі телебачення ВМХ. Також доктор Джерок Лі потрапив у десятку найвпливовіших християнських лідерів 2009 і 2010 років за версією найпопулярнішого російського журналу «Ін Вікторі» і нового агентства *Крістіан Телеграф* за його могутнє телевізійне служіння і пасторське служіння за кордоном.

З Жовтень 2015 року Центральна Церква Манмін налічує більше 120 000 членів. Вона має 10 000 церков-філій в усьому світі, у тому числі 56 домашніх церков-філій, також відправила більше 103 місіонерів у 23 країни світу, у тому числі США, Росію, Німеччину, Канаду, Японію, Китай, Францію, Індію, Кенію та багато інших.

На момент виходу цієї книжки доктор Лі написав 99 книжок, серед яких є бестселери: *«Відчути вічне життя до смерті»*, *«Моє життя, моя віра I і II»*, *«Слово про хрест»*, *«Міра віри»*, *«Небеса I і II»*, *«Пекло»*, *«Пробудження Ізраїлю»* і *«Сила Бога»*. Його роботи були перекладені більш ніж на 75 мов.

Його статті друкуються на шпальтах видань: *«Ганкук Ілбо»*, *«ДжунАн Дейлі»*, *«Чосун Ілбо»*, *«Дон-А Ілбо»*, *«Мунгва Ілбо»*, *«Сеул Шінмун»*, *«Кунгуан Шінмун»*, *«Економічна щоденна газета Кореї»*, *«Вісник Кореї»*, *«Шіса Ньюс»* та *«Християнська газета»*.

Доктор Лі є головою багатьох місіонерських організацій та об'єднань. Він – голова Об'єднаної церкви святості Ісуса Христа; президент Всесвітньої Місії Манмін; незмінний президент Асоціації всесвітньої місії християнського відродження; засновник і голова правління Всесвітньої християнської мережі (ВХМ); засновник і голова правління Всесвітньої мережі християн-лікарів (ВМХЛ); а також засновник і голова правління Міжнародної семінарії Манмін (МСМ).

Небеса I і II

Детальна розповідь про розкішне оточення, в якому житимуть небесні мешканці, а також прекрасний опис різних рівнів небесних царств.

Моє Життя, Моя Віра I і II

Автобіографія доктора Джерок Лі дозволяє читачам відчути найприємніший духовний аромат, розповідаючи про життя, що цвіте надмірною любов'ю до Бога посеред чорних хвиль, холодного ярма і найглибшого розпачу.

Слово про Хрест

Сильна проповідь пробудження про всіх людей, які перебувають у духовному сні. Із цієї книги ви дізнаєтеся про те, чому Ісус – Єдиний Спаситель, а також про істинну Божу любов.

Міра Віри

Які оселі, вінці та нагороди приготовані для вас на небесах? Ця книга додасть вам мудрості і скерує вас, щоби ви виміряли свою віру, розвивали і вдосконалювали її.

Пекло

Відкрите послання Бога всьому людству. Він бажає, щоби жодна людина не потрапила у пекло. Ви дізнаєтеся про досі невідомі думки щодо жорстокої дійсності Гадесу та пекла.

www.ingramcontent.com/pod-product-compliance
Lightning Source LLC
Chambersburg PA
CBHW022147150726
47992CB00002B/790